이겼노라

_____ 에게

_____ 드립니다

　　년　　　월　　　일

이겼노라

이복자 지음

예찬사

머리말

    주님과의 만남을 통하여 내 인생의 변화되는 과정을 하나씩 적어 내려가다 보니 책이 한권씩 나오기 시작하였다. 2009년부터 일 년 동안 써서 2012년에 '성령과 동행하면 지치지 않는다'를 처음 출간하였다.

    그다음 2015년에 '고난은 나의 밥이다'를 출간하였고, 세 번째 출간될 책 제목은 '이겼노라'이다.

    이제부터 주님의 섬세한 작품을 전적으로 믿고 따르며 성령이 동행하심으로 염려, 걱정 없이 여유로운 마음으로 임하려고 한다. 첫 작품을 쓸 때도 성령께서 인도하셨고, 둘째 작품을 쓸 때도 성령이 같이 하셨으며 책이 나올 때까지 가족들이 전혀 알지 못하도록 비밀리에 진행하였다. 그것은 오직 성령께서 일하심을 훼방하지 못하게 함이라. 그렇게 비밀리에 작업이 이루어지도록 성령께서 도우셔서 일 년이라는 짧지 않은 기간 동안 누구의 방해도 받지 않고 해낼 수 있었다.

    간증은 특히 성령께서 인도하지 않고서는 기록할 수도 없는 책이다. 내가 학벌이 좋은 것도 아니요. 문장력이 뛰어난 것도 아닌 사람이 책을 세 권이나 쓴다면 이해하기가 쉽지는 않을 것이다. 그러므로 나는 전적으로 성령님을 신뢰한다.

"복음에는 하나님의 의가 나타나서 믿음으로 믿음에 이르게 하나니 기록된 바 오직 의인은 믿음으로 말미암아 살리라 함과 같으니라."(롬 1:17)

'고난은 나의 밥이다'라는 책 제목을 정해놓고 '내가 아니요' 책(예찬사간)의 저자인 서샬롬 선교사님에게 조심스럽게 책 제목에 대해서 여쭤 보았던 기억이 난다. 첫 번째 출간된 '성령과 동행하면 지치지 않는다' 책을 보시고 최고의 격려를 해주셨다. "책 제목만 보아도 눈을 번쩍 뜨이게 할 뿐 아니라 새 힘이 솟구치는 것을 체험했었다."며 다음 편을 기록하고 있다니까 기대되고 설렌다고 하기에 책 제목이 '고난은 나의 밥이다'라고 이야기를 했더니 고난을 당하는 그리스도인에게 큰 위로와 치유가 될 수 있다고 말하면서 그런데 이 제목을 어떻게 감당하려고요? 라며 의외로 질문을 던지셨다.

처음에 과분한 칭찬을 받았기에 넌지시 자랑 삼아 말을 꺼냈다가 고민하게 되었는데 꽤 여러 날 기도하고 고심을 해도 만족할만한 제목이 나오질 않아 하는 수없이 그대로 하기로 하였다.

이 책을 출판한 후, 선교사님이 왜 그런 말씀을 하셨는지 깨달음이 오게 되었다. 참으로 많은 일들을 겪게 되면서 하나님의 사명을 감당하기가 어려웠다. 이번에 기록될 책 제목은 '이겼노라'로 정하였다. 예수님께서 죄악과 질병과 가난과 저주와 마귀의 세력과 사망권세를 이기셨고 부활 승리하셨기 때문에 우리도 예수님과 함께하면 이길 수 있다는 뜻이다.

많은 사건들을 만나면서 하나님의 은혜와 성령님이 함께하셔서 이기게 하신 일들을 기록하게 된 것이다.

지금까지 이 책을 출판할 수 있도록 저를 인도주신 하나님께 먼저 감사와 영광을 올려드립니다. 그리고 원고를 교정 및 출판해주신 예찬사 이환호 목사님께 감사를 드린다.

"주께서 내 곁에 서서 나에게 힘주심은 나로 말미암아 선포된 말씀이 온전히 전파되어 모든 이방인이 듣게 하심이니 내가 사자의 입에서 건짐을 받았느니라."(딤후 4:17)

차례

머리말 • 4

제 1 부 사명

1. 사명자의 길 • 13
2. 음반 제작사를 찾아가다 • 17
3. 무궁화는 다시 피어난다 • 20
4. 음반이 나오던 날 • 23
5. 내 음반이 하나님의 영광 나타내기를 바라면서 • 26
6. CTS 방송을 하다 • 29
7. 하나님의 계획은 섬세하시다 • 33
8. 교회를 네 곳이나 개척한 평신도 • 36
9. 교통사고가 나다 • 40
10. 하나님이 일하시는 방법 • 45
11. 그는 여호와 전능의 하나님 • 48

제 2 부 선교여행

12. 유럽여행과 성지순례 • 51
13. 불가리아 선교여행 • 54
14. 베트남 선교여행 • 60
15. 국내 선교지 방문 • 65

제 3 부 치유사역

16. 치유의 하나님을 만나다 • 71
17. 맹장수술 받은 병원에서의 치유사역 • 74
18. 여호와는 전능의 치료자 • 79
19. 24년간 못 걷던 환자를 위한 기도 • 82
20. 중국에서 하나님이 일하시다 • 89
21. 옛 친구에게 치유의 기적이 일어났지만 • 93
22. 하나님이 하시는 놀라운 비밀 • 98
23. 오빠의 치유 덕분에 암 환자들에게 용기를 주다 • 102
24. 남편의 폭력을 기도로 이겨낸 여 목사 • 106
25. 발톱무좀을 치유 받은 천 권사 • 113

제 4 부 고부갈등과 영적전쟁

26. 평생의 고부갈등을 해결하다 • 117
27. 시어머니를 최선을 다해 섬기다 • 122
28. 칠촌 아저씨 댁에서 가족사를 듣다 • 128
29. 사탄의 세력을 이겼느라 • 131
30. 새로운 깨달음을 주신 성령님 • 136

제 5 부 믿음이란 무엇인가

31. 믿음이란 무엇인가? • 143
32. 하나님은 어떤 분이신가? • 148
33. 예수님은 어떤 분이신가? • 164
34. 성령님은 어떤 분이신가? • 175
35. 회개와 용서하는 방법 • 184
36. 축귀하는 방법 • 204
37. 전인치유하는 방법 • 218
38. 말씀을 순종하는 방법 • 234

제 1 부
사 명

1. 사명자의 길

사명자의 삶을 느지막이 깨닫게 되었다. 내 나이 60세가 넘어서 하나님의 일에 몰입하게 되었다. 더 젊어서 그런 사명이 있다는 걸 깨달았더라면 신학이라도 해서 다른 길을 갔을 수도 있었는지 모른다. 지금 생각해보니 나에게도 그런 하나님의 싸인이 젊어서 온 것 같았는데 깨닫지 못하였다.

그러나 주님께선 그 길이 아닌 평신도 문서선교와 기도사역과 찬양사역자로 일하게 인도하셨다.

젊었을 때는 미련하여 자꾸 장사하는 데만 관심이 있어 이것저것 안 해본 일이 없을 정도로 직업 컨설팅도 하라면 할 만큼 아주 다양했다.

그중 대표적인 몇 가지 예를 들자면 가구 총판, 핸드폰 매장, 미용실, 옷가게도 하였는데 물론 혼자가 아니고, 가족들이 동업을 해서 할 수 있었다. 그러던 중 어느 해에 매장 세 곳을 6개월 사이에 모두 문 닫게 됐다. 장소가 좋은 천호동 대로 전철역 입구에서 핸드폰 매장을 직접 운영

하였다. 어느 날은 하루에 10개를 개통하기도 했다. 그 당시엔 50살 나이에 그런 일을 하는 사람이 없었다. 혼자서 매장을 끌고 나갈 수 있는 용기가 어디서 나왔는지 배짱 하나는 좋았던 것 같다.

딸도 같은 건물 안에 미용실을 차려서 직원 3명을 거느리고 일할 때 나이가 스물다섯 어린 나이여서 내가 옆에서 지켜보고 중심을 잡아주어야 했다. 영파 여고 바로 옆이다 보니 학생 손님이 미용실로 가득할 때가 많았다. 그곳에서 장사를 하기 시작한 때가 2년 쯤 지났을 무렵, 건물주가 매장을 다 내놓고 나가라고 하는 일이 생겼다. 우리는 들어 온지 2년 밖에 안 되었고, 시설도 새로 했으니 기가 막혔다. 건물주는 대형 음식점이 들어오기 때문에 6개 업체를 다 내보내고 헐어서 새로 짓겠다는 것이었다. 다른 사람들은 오랫동안 장사를 하고 있었으니까 그래도 덜 당황하였는데 우리는 조금 사정이 달랐다.

그때 경황이 없어 책상 서랍 모서리에 정강이가 좀 찍혔다. 그 일로 나는 병원에서 15일 동안 다리를 위로 치켜든 채로 천호동 성심병원에 있게 되었다. 병원에서 퇴원하자마자 가게로 달려갔더니 우리가 사용하던 건물을 막 부수기 시작하여 포클레인이 벽을 치고 있었다. 쓰던 집기도 못 빼고, 겨우 서류와 장부만 챙기고 있을 때 내 옆을 배회하며 슬퍼하시는 주님을 느낄 수가 있었다. 순간 그런 과정을 볼 수 없도록 주님이 나를 병원에 묶어두셨다는 생각이 들었다. 그렇게 두개의 매장을 삽시간에 부수는 것을 보고, 세상말로는 표현할 수 없을 만큼 마음이 아팠다. 그러나 주님이 아주 슬퍼하셨다는 것이 위로가 되었다.

그 후에 천호동 구사거리에 아들이 하는 핸드폰 매장도 도로 확장을 한다는 이유로 매장이 반으로 줄었다. 다시 인테리어를 했으나 매장도

작아졌고, 길도 빨리 보수가 되지 않아서 사람들이 불편하다보니 장사를 할 수가 없게 되었다. 6개월 만에 3군데 매장을 모두 접게 되는 일이 생겼다.

매장을 다 접게 되니 집으로 돌아 갈 수밖에 없었다. 그것도 나 혼자가 아닌 동업을 하던 아들과 딸까지 데리고 집에 들어 앉아 있을 생각을 하니 갑갑하기 이를 데가 없었다. 그런 가운데 집안을 지켜오시던 시어머니는 갑자기 세 사람이 집에 들어앉게 되니 우리보다 더 갑갑하셨는지 집안을 시끄럽게 만드셔서 삼일 이상을 버틸 수가 없었다.

우리 아이들이 어릴 때부터 장사를 하기 시작한 이후로 나는 한 번도 집에서 쉬는 날이 없었기 때문에 밖에 일이 나에게는 더욱 친숙했다.

나는 무작정 간단하게 보따리를 싸서 어디 다녀온다는 자초지종을 알리지 않고, 집을 나왔다. 평생 살면서 수없는 고난이 있었어도 집을 나간 일이 없었기 때문에 집에서 난감했을 것이다. 자녀들에게도 내 거처를 알리지 않기 위해 연락을 안했다.

내 친정집과도 같은 오산리 기도원으로 올라가서 5박 6일을 금식하며 기도를 하였다. 대성전에 자리를 깔고 죽기 살기로 기도하며 부르짖고, 간절한 심정으로 예배를 드리고 나면 기절하듯이 지쳐서 누워 있었다. 다시 예배가 시작되면 내 몸 속에 있는 에너지를 다 소진하듯이 일주일을 금식하며 부르짖었더니 입은 물집이 네 군데나 잡혀 터졌고 아래 위가 달라 붙어버렸다. 그대 하나님의 은혜를 받게 되었다. 5일쯤 지나 지쳐서 쓰러져 비몽사몽일 때 누워 있다가 눈을 살며시 떠보니 끝에 촉촉하게 이슬비가 내리는 듯 했다. 나는 이슬비가 내린 그대로 엎드려서 기도하기 시작했다. 나에게 성령의 단비를 내리셨구나! 성경이나 찬양가사에 나오는 성령의 단비를 부어 새 생명을 주옵소서. 찬양이 생각났다. 이 찬양은 내가 즐겨 불렀던 찬양이다. 엎드려서 기도하는 중에 사탄이 속삭였다. "지금 밖에 소나기가 올지 몰라. 그래서 비가 샐 수도 있어." 기도를 대강 마치고 궁금해서 밖으로 달려 나갔다. 그런데 해가 화창하였고, 비는커녕 마귀에게 속았다는 생각에 빨리 달려 들어가서 엎드려 회개기도를 드렸다. 그 후 기도원에서 새로운 방언을 받게 되었고, 나중에 알고 보니 사탄을 물리치는 방언을 받게 된 것이다. 또 병을 치유할 수 있는 치유은사를 체험하게 되었다.

2.
음반 제작사를 찾아가다

2016년 봄, 벚꽃이 아주 많이 필 무렵 4월쯤 필리핀에 계신 선교사님께 전화가 왔다. 사무실 근처에 볼일이 있어서 왔다가 전해줄 것이 있어서 전화를 했다며 잠깐 만나자고 했다. 선교사님은 한국에 가면 남산이 가장 가고 싶다고 말씀하셨기에 나도 가본 적이 몇 십 년 되었으니 남산에 같이 가자고 했다. 선교사님은 다리에 장애가 있으셔서 차로 올라가야만 했다. 남산 타워에 올라가서 식사를 하는 중에 선교사님이 음반을 내셨다며 선물을 주셨다. 나도 찬양을 좋아해 요양원에서 봉사를 한다고 이야기를 했더니 한 곡을 해보라고 하셨다. 주위를 둘러보니 손님들이 많지도 않아서 큰 지장은 없겠다 싶어 '사명'이란 곡을 부르기 시작했다. 뭔 일입니까? 주방에서 일하던 주방장도 나오고, 여기저기서 고개를 내밀고 쳐다보고 있었지만 시작했으니 끝까지 부르고 마쳤다. 타워 안에서 찬양을 하니 목소리가 더 크게 울렸다. 제재하는 사람은 없었지만 더 이상은 못할 것 같아 밖으로 나가서 하기로 했다. 밖으로 나와 보니 그날 중국에서 관광객이 500명쯤 와 있었다. 이리 가도 사람, 저리 가도 사람에 치일 정도였다. 그 곳에서 찬양을 몇 곡 했더니 구경꾼들이 박수도 치고, 반응이 좋아 선교사님께서 음반 내는 것을 이야기 하시기에 테스트를 받아보기로 했다. 선교사님은 음반 제작에 대하여 얘기를 하시다가 음반 제작하는 분을 소개해주겠다고 하셨고, 그 주 토요일에 필리핀으로 들어가니 금요일밖에 시간이 없다고 했다. 그래서 금요일에 지하철 강남역 부근에서 같이 만나서 그분을 소개받기로 했다.

하지만 그 무렵 우리 집에는 손자가 태어나서 내가 손녀 두 명을 돌보고 있어야 했다. 며느리는 아직 퇴원을 안했기 때문에 어떻게 시간을 낼까 아무리 생각을 해봐도 좋은 방법이 떠오르지 않았다.

그런데 금요일에 예상치 못한 일이 생겼다. 한양대병원에 일주일 전에 입원하신 시어머니가 병원에서 퇴원하실 거라고 생각을 못했는데 혼자서 퇴원수속을 마치고, 택시를 타고 오셔서 깜짝 놀랐다. 누군가 가서 퇴원을 시켜야할 정도로 연세도 많으신데 혼자 오셔서 거실에 누워 잠을 청하고 계셨다. 집에서 놀던 손녀가 잠이 오는 것 같아 보이자 시어머니께서 팔베개를 해주시고 계시기에 어디 좀 잠깐 갔다 오겠다고 말했다. 아기를 돌보는 사람에게도 연락을 해놓고, 급히 빠져 나와 전철을 타고, 강남 논현동 음반제작사로 갔다. 선교사님으로부터 귀한 분들을 소개받았다. 그곳엔 우리 말고도 교회 목사님 세분이 와 계셨다. 그날 소개를 받은 분은 유명한 원로 가수들의 음반을 많이 제작하셨다는 윤신호 장로님이셨다. 떨리는 가운데 테스트를 받았는데 목사님들도 찬양이 은혜롭다고 격려를 해주셨다. 그렇게 테스트를 마치고 성급히 집으로 돌아오는데 세 시간이 걸렸다. 특공작전이 완벽히 성공한 기분이었다. 아무도 어디

갔다 왔냐고 묻지도 않아서 구사히 넘어갔다.

  5월부터 일주일이 한 번씩 논현동에 있는 녹음실에 가서 녹음을 하였는데도 가족이나 직원들 누구 하나 궁금히 여기는 사람이 없었던 것은 내가 기도하러 다니는 줄로만 생각한 것 같다. 그렇게 철저히 비밀리에 1년 동안을 다니며 녹음을 했다. 내게 어떻게 그런 열정이 나왔는지 지금 생각하면 신기하다. 반년쯤이나 지나서 음반이 나오게 되었다. 내가 가수도 아닌 일반인인지라 평생 쓸 생각하고, 3천장을 주문하였다. 음반 제작사에서 내 찬양이 담겨 있는 칩과 마이크를 선물해 주셔서 강남에 있는 서울 요양원에서 매주 월요일마다 그 마이크와 함께 찬양 봉사를 하고 있다. 그곳에선 할머니들과 할아버지들 40여명이 모이고, 봉사자들과 예배를 인도하시는 목사님 두 분, 피아노 반주자와 찬양 인도자와 특송하는 두 사람과 함께 예배를 드린다. 모두들 바쁜 가운데 봉사하며 헌신적으로 드려지는 예배라 은혜가 있어 다들 수년 째 이곳에서 봉사하고 있다.

3.
무궁화는 다시 피어난다

 2017년 2월 어느 날, 친구한테서 전화가 왔다. 오늘 박근혜 대통령 탄핵반대운동 때문에 광화문에서 집결하는데 안 가볼래 묻기에 알겠다고 하고 무작정 집을 나섰다. 역사적인 현장을 즉시하고 목격해야 내가 추후에 글 쓰는 이로써 한편의 이야기를 담을 수 있지 않을까 하는 생각이 들었기 때문이다. 전철을 타고 가는데 어디서들 오는 사람들인지 전철을 가득 채웠다. 그들 손에는 태극기가 들려 있었기 때문에 광화문으로 가는 사람들이란 것을 바로 알 수 있었다. 목적지인 광화문역에 도착하자 아무 생각 없이 전철에서 내려 밀물이 밀려가듯 그곳으로 가고 있는데 집회장소가 가까워졌는지 확성기 소리가 들려오기 시작했다. 전철역에서 나오기가 무섭게 전쟁을 방불케 하는 요란한 확성기 소리 때문에 저절로 두려움이 들 정도였다. 한쪽은 태극기 부대가 차로 막았고, 반대편은 촛불집회 차를 중간에 막아놓고, 경찰들이 지키고 있으니 서로 차를 빼라고 아우성치며 차 위로 올라가서 위협하는데 공포 분위기였다. 그날따라 눈은 펄펄 날리는데 애들을 데리고 온 사람들도 있고, 나이든 사람들 중에 손과 머리까지 태극기로 도배를 하듯이 온몸을 휘감고 있는 사람과 큰 태극기를 들고 여러 명이 줄을 서 있는데 어느 단체인지 확실치는 모르겠으나 노장 해병대 같기도 했다. 인파가 말로는 표현하기가 어려울 정도로 대단하였다. 그날은 기독교계에서도 집회에 참석하여 분위기가 대단했다. 중간 중간에 자판을 깔고 태극기를 그냥 나누어 주는 곳도 보였다. 그 옆에 책을 판매하는 곳도 있어서 애국시인이라고 불리는 송 현 선생님의 책을 한권 샀다. 이번에 박 대통령 탄핵을 애통해하면서 즉시 시를 써서 인터넷에 올린 것을 한국 인문학 대학에서 발행하여 그 집회 장소에서 판매가 급속히 이루어졌다. 수익금은 애국단체에 기부되어 태극기를 제작하고, 무료로 나눠준다고 한다. 이분의 글을 읽으면서 무슨 작가가 이렇게 욕을 많이 썼을까? 누구에게 이 책을 권해줄 수가 있을까? 생각이 들기도 했지만, 그 책 후편에 정부나 위정자들에게 쓴 소리를 하는 것을 보면서 나름 용기 있는 그분을 이해하기로 했다. 얼마나 열통이 났으면 밤잠을 못자면서 까지 글을 써서 올리고, 낮이면 태극기를 들고 현장에 가서 집회에 참석할까? 송 현 시인은 자녀들이 중·고등학교를 다닐 때 이혼을 하였고, 아이들이 힘든 시간들을 보내고 있던 시기에 아이들을 불러놓고 "아버지는 너희들에게 한 가지 부탁이 있다. 좋은 대학을 가라고도 하지 않고, 훌륭한 사람이 되라고도 하지 않는다. 오직 개구리만 잡으러 가지 않으면 된다."고 말했다고 한다. 이 아버지는 자식들이 없어지는 두려움을 호소하였던 것이다. 나도 자식을 셋이나 키운 엄마로서 그 마음을 헤아릴 수가 있었다. 엄마 없는 자식들의 가장 힘든 사춘기 과정을 지켜보며 엄마의 빈자리를 채워서 자식들을 키운 이분이야말로 정말 대단하고, 얼마나 힘겨웠을지 마음이 아련하다.

  이분은 틀림없이 하나님을 믿는 하나님의 사람임을 알 수가 있었다. 사람이 사용하는 언어로 그 사람의 생각과 사고, 정체성과 직업, 인격과 품격 모든 것을 알 수가 있다. 인간에게만 주신 언어가 이렇게 큰 위력과 능력으로 인간의 존엄성을 나타내고 있다.

"여호와는 의로우사 의로운 일을 좋아하시나니 정직한 자는 그의 얼굴을 뵈오리로다"(시 11:7)

4. 음반이 나오던 날

　2017년 8월, 아침부터 설레는 마음을 부둥켜안고 서성거렸다. 일 년 동안 자식을 품었다가 산고의 진통을 마친 후에 낳은 자식을 보려는 것처럼 감개무량하였다. 짧지 않은 시간 동안 강남 논현동을 비가 오나 눈이 오나 일주일에 한 번씩 가서 녹음을 했다. 맨 앞에 해설을 넣고, 찬송가와 복음성가를 포함해서 14곡을 녹음을 하면서 직원들이 퇴근하기 전에 돌아와야 하는 부담감에 마음을 조이면서 들어와야 했다. 남편과 아들의 퇴근이 임박할 때쯤, 내가 어디 갔는지 찾을 때엔 직원들도 안절부절 해야 하는 그런 고비를 몇 차례 넘겼다. 녹음이 끝나고서도 6개월이 지체되었고, 녹음을 시작한지 2년 6개월이 걸리고서야 음반을 출시할 수 있었다. 그렇게 기다리던 음반인데 걱정이 앞서는 것은 무슨 일일까? 심장이 뛰다 못해 안절부절 어쩔 줄 몰랐다. 음반을 낸다는 자체를 알지 못하는 사람들이 남편과 아들딸를 그리고 직원들까지 모두 20명은 되는데 이 일을 감쪽같이 숨길 방법이 없었다.

우선 정문에서 경비하시는 장로님께 알렸다. "오늘 오전에 박스가 몇 십 개 들어오는데 엘리베이터 앞 쪽에서 받아주시면 내려와서 올리겠습니다." 하고는 기다리면서 서성거리는데 1톤짜리 차가 골목으로 들어왔다. 차를 도로 가장자리에 대고 차에서 내린 기사님은 키가 195cm쯤 되고, 몸무게는 120kg 쯤 돼 보이는 사람이었다. 가장 무더운 8월이라 그는 땀이 얼마나 흐르고 짜증이 났던지 길옆에 차를 대고, 짐을 내리겠다고 해서 경비 장로님과 다툼이 생겼다. 건물 입구에 내리고 가면 어떻게 하냐? 최소한 엘리베이터 앞까지 갖다 놓으라며 싸우는데 해결은 나지 않고, 큰 소리만 나니 건물주 아들까지 싸움에 합류했다. 건물주 아들 역시 상당한 체격으로 막상막하였다. 더운 날씨에 싸움을 멈출 기세가 안 보였다.

나는 두 골리앗 사이에 끼어서 이 쪽 저 쪽을 번갈아가며 말려보아도 해결이 안 났다. 몸싸움까지 갈 상황이었다. 언성이 높아지자 구경꾼들이 몰려들기 시작했다. 나도 더 이상은 참을 수도 없고, 감당이 어려워 간단명료하게 큰소리로 여기 내려놓고 가요! 하며 외마디로 고함을 쳤다. 그러고 나니 다들 물러나고 기사는 짐을 내려놓기 시작했다.

기사가 간 뒤에 싸움 구경 온 사람들이 박스를 우리 사무실로 옮겨주었고, 안에서는 직원들이 받아서 큰 책상 두 개 밑으로 쌓아 놓았다. 나는 손도 못 대게하고 대 여섯 명의 젊은 사람들이 다들 더워서 땀을 뻘뻘 흘려가며 한 박스 무게가 15kg나 되는 것을 38개 박스(CD 3000장)를 다 옮겼다. 그 많은 음반이 책상 밑으로 들어가서 감쪽같이 정리가 되자 안도하며 남편을 찾기 시작했다. 남편은 낮잠을 잘 시간도 아닌데 오전에 전기장판을 깔고 자기 사무실에서 코를 골며 자고 있었다. 참으로 기이

한 하나님의 은혜를 느꼈다. 하나님이 작업하셨다는 것을 확실히 느낄 수가 있었다. 조금 전에 일어난 일을 남편이 보았다면 어떤 상황이 일어났을까? 음반을 낸다는 자체를 알지 못하고 있었는데 1톤 차가 음반을 내려놓으려다가 몇 사람이 싸움이 붙어 심지어 경찰서에 갈뻔한 상황을 보게 되었다면... 생각만 해도 끔찍하다. 그 순간을 모면하도록 남편을 깊은 잠속에 빠지게 성령님께서 도우셨다는 생각이 어찌 안 들겠는가? 나는 책을 두 권을 출판하면서 모두에게 비밀리에 출간케 하신 하나님을 신뢰하는 것은 당연하지만 이런 일로 또 한 번 놀랐다. 더운 날 땀 흘리며 수고한 사람들에게 음반을 한 장씩 드렸다. 그런데 며칠 뒤에 남편이 퇴근하면서 음반을 절대로 가까운 사람들에게 주지 말라고 했다. 알았다고는 대답했는데 이미 돌려진 것을 어떻게 하나? 이쯤 되면 내가 왜 가족들에게 음반 제작과정을 숨겨야 했는지 설명하지 않아도 이해가 될 것이다. 모든 것이 마무리 될 때까지 비밀이 지켜진 것은 분명히 성령님의 도우심이었다. 가족이 다 같이 근무를 하는 상황에서 비밀이 어찌 지켜지겠나? 성령님께서 일하셔서 눈과 귀를 별 관심이 없게 가려 주신 것이다. 내게 일어난 이런 일을 기적이라고 할 수 있다.

"야훼는 나의 힘과 나의 방패이시니 내 마음이 그를 의지하고 도움을 얻었다 그러므로 내 마음이 크게 기뻐하며 내 노래로 그를 찬송하리로다."(시 28:7)

5. 내 음반이 하나님의 영광 나타내기를 바라면서

    음반을 조심스럽게 풀어보기 시작했다. 가족들 중에서도 나와 가장 가까운 남편의 반응은 여전히 무슨 심보인지 못 마땅한 눈치다. 둘째 동서는 매일 하루에도 몇 번씩 들을 정도로 너무 좋아하다 못해 자기를 위해서 음반을 내주었다면서 오랫동안 즐겨 듣겠다고 했다. 그것보다 더한 감동이 어디 있겠나! 우리 샤론 무용선생님도 장거리 운전을 할 때 자주 즐겨들었더니 졸음운전이 없어졌고, 은혜도 받았다고 했다. 예찬사 출판사 목사님도 항상 차에서 버튼만 누르면 찬양이 나오게 고정해 놓았다고 한다.
    주변에서 음반을 접하는 사람들이 늘어가면서 점점 감동적인 이야기들이 전해지기 시작했다. 딸의 시아버지는 음반을 구입하겠다고 돈을 보내기도 하셨다. 찬양으로 봉사활동을 하는 서울 요양원에 있는 복지사 선생님들에게 음반을 선물로 주었더니 어느 복지사의 시어머님과 아들이 큰 은혜를 받았다는 이야기를 꼭 전해주라고 당부하였다고 했다. 그리고 내가 요양원에서 찬양하는 모습을 촬영해가기도 했다. 우리 교회 목사님과 사모님을 찾아가서 음반을 드렸더니 앞으로 하나님이 계획하시는 사명을 잘 감당할 수 있도록 기도를 해주셨다. 그리고 몇 개월 후 일본에 있는 교회에서 담임목사님을 강사로 초청해서 오사카에 가시는데 우리 교회 샤론 무용 팀이 같이 가도록 계획이 되어 있었다. 이와 관련해 성령님께 기도한 후, 사모님께 제 음반을 일본 오사카 교회에 기증을 하면 어떨까요? 물어보았는데 목사님과 상의하시더니 괜찮을 것 같다고 말씀하셨다. 음반 한 박스가 50개, 포장 무게도 15키로 정도나 되니 포장을 걱정하면서 박스를 가지고 나와 차를 대고 있는데 경비 장로님이 여기다 넣어서 끌고 가라고 큰 쇼핑 케이스를 주셨다. 화장품을 외국으로 옮겨갈 때 쓰던 케이스인데 음반을 집어넣고, 지퍼를 잠가보니 한 치의 오차도 없이 딱 알맞는 것이 음반을 위해서 만들어졌다 해도 과언이 아니었다. 내 걱정을 아시는 주님께서 이렇게 예비해주셔서 놀라웠다. 감동이었다. 이번에는 모처럼 해외선교에 남편이 동반하지 못하게 되었다. 어머님께서 몸이 불편하셔서 돌보 드려야 하기 때문이다. 일본에 도착했을 때 오사카 순복음교회에 북한 선교단이 부흥회 전도 집회를 하려고 이미 와 있었다. 북한 선교단에게 차량이며 모든 것에 우선권이 주어졌다. 우리 팀은 전철로 도보로 행군하듯이 고생을 하면서도 누구하나 불평도 없이 선교 팀의 자세를 잘 유지했다. 그곳에서 우리 선교 팀과 샤론 무용 팀이 화려한 한복을 입고 부채춤을 공연하였다. 매일 듣던 목사님의 설교가 일본에선 얼마나 은혜롭던지 성령의 이끌리심으로 성령의 불도가니가 되었다. 이번 일본선교는 그야말로 오직 선교에만 목적을 두었다. 오사카 성에 가서 잠시 사진 한 번 찍고, 오사카의 전통 목욕탕에서 목욕 한 번 하고, 오사카 중심지 쇼핑센터를 둘러본 것이 전부이었다. 중요한 선교 목적은 달성했지만 비행기를 타고 일본까지 왔는데 본 것이 너무 적다는 생각이 자꾸만 드는 것은 어쩔 수 없었다. 돌아오는 날 그곳 목회자 분들과 마지막 식사를 하는데 우리 교회 목사님이 오사카 목사님에게 이 권사님이 음반을 가지고 온 분이라고 소개를 했다. 오사카 목사님이 "네 그러시군요! 감사해요! 오사카에서 사역하시는 분들께 다 나누어 주겠습니다."하시기에 북한 선교단도 주라고 말씀드렸다. 그렇게 우리들은 식사를 마친 후 공항으로 이동하여 한국으로 돌아왔다.

"그의 노력은 잠깐이라도 그의 은총은 평생이로다. 저녁에는 울음이 깃들일지라도 아침에는 기쁨이 오리로다."(시 30:5)

6.
CTS 방송을 하다

　방송국에서 방송 날짜가 문자로 왔다. 일 년 전에 방송 섭외가 들어왔을 때 나는 두려워서 거부했다. 서샬롬 필리핀 선교사님이 방송하러 한국에 들어오셨을 때 사모님이 입을 옷이 마땅치 않아 옷을 제공해 드리기도 했다. 그래서 방송하는 날 잠시 방송국에 갔다가 방송이 끝나고 아나운서와 방송 스텝 모두 함께 방송국 내에 있는 구내식당에서 식사를 하게 되었다. 서 선교사님이 오늘 아내가 입은 옷은 에스더스타일에서 제공했다고 말하면서 이 분이 에스더스타일을 운영하시는 권사님이라고 소개를 했다. 그 자리에 있는 사람들이 많이 들어본 이름이라면서 핸드폰으로 검색을 하더니 옷이 예쁘다며 다음 방송이 야외 촬영인데 그때 협찬을 받았으면 좋겠다고 말했다. 우리 에스더스타일은 그동안 몇 년에 걸쳐 각 방송국 아나운서, 연예인, 기상캐스터에게 옷을 많이 제공하였지만, 의상 협찬에 대하여 결정 내리기가 쉽지 않기 때문에 잠시 후 연락드리겠다고 작가가 대신 말해 주었다.

1년 전에 방송에 출연하려고 작가에게 내 책을 보낸 적이 있었다. 책 내용을 알고 있었기 때문에 거기서 빠른 결정을 했는지 모르지만 내게 방송 녹화를 하자고 그날 바로 연락이 왔다.

　2018년 10월 23일 수요일에 바로 녹화하자며 장소는 천보산 민족기도원이라고 했다. 그곳은 내가 고난 중에 밤마다 찾아가서 오열하면서 하나님께 부르짖었던 곳이다. 여러 차례 밤잠을 설칠 때면 그곳에서 하나님께 간절히 고함치듯이 목이 터져라 부르짖던 곳에서 가을 특집으로 야외 촬영을 한다고 했다.

　녹화 당일 얼마나 비가 쏟아지던지 회사에서 아무도 모르게 조심히 나가야만 하는 내가 처량하게까지 느껴졌다. 왜 이 일을 알리지 않고 하려 하냐면 어디서 사탄이 방해공작을 할까 두렵고 가족 중에서 누군가 무슨 방송이냐며 뒷다리를 잡는다면 난감할 것 같아 하나님 일을 할 때는 항상 다 이루고서야 발표를 하는 것에 익숙해 있었다. 야외 촬영 장소에 도착할 무렵 비가 서서히 개었다. 비가 와서 촬영시간이 2시간쯤 지연이 되었으나 비가 많이 오다 그쳐 하나님께 감사했다. 천보산에 도착해보니 방송국 스텝이 20명 정도 보였다. 메이크업 담당자까지 나왔다. 저녁 해가 서산에 걸릴 무렵 아름다운 단풍과 풍경이 어우러진 아름다운 대자연 속에서 모든 장비 조명 음향기들이 설치되고, 아나운서 최성규 씨와 김지선 씨가 사회를 보면서 녹화가 시작이 되었다. 우리 회사소개부터 시작이 되었다. 사회를 보시는 분들이 얼마나 재치 있게 진행을 하는지 그냥 즉석에서 모든 답변이 술술 나오면서 호흡이 아주 잘 맞았다. 그곳에서 성령님께서 도우시며 영광 받으시기 합당하게 인도하시고 주관하신다는 생각이 들었다. 녹화를 하고 있는 중에도 순간순간 성령의 인도를 받아 순발력 있게 대처하고, 자연스럽게 망설임 없이 답변을 잘한 것 같다. 방송 녹화를 마치고 나오는데 장비를 실고 온 분이 명강사가 오신 줄 알았다며 은혜 받았다고 말했다. 그 순간 어안이 벙벙했다. 방송 녹화가 끝이 나고, 아쉬움이 많이 남았었다. 마치 결혼식장에서 결혼을 다시 한 번 하면 잘 할 것 같은 그런 느낌처럼 말이다. 이곳에서 방송녹화를 하면서 하나님께서 하신 일이 참으로 기가 막혔다. 2018년도에 신도시로 이사를 오게 되었는데 이번에 방송을 녹화한 곳이 우리 집에서 20분 거리에 있어 밤에 가끔 가서 기도를 쌓았던 곳이다. 그곳에서 방송을 하자고 장소를 이야기할 때 놀라지 않을 수가 없었다. 내가 밤마다 몸부림치며 기도한 것이 방송국 사람들에게 들킨 것만 같았다. 참으로 하나님은 섬세하시구나! 하나님은 내게 관심이 많으시며 정교하시다는 생각이 들었다. 방송 중에 지금 3번째로 집필하고 있는 책 '이겼노라'를 광고해주었다. 매일같이 새벽에 잠이 깨서 더 자야지 하며 한동안 늦잠을 자다가 어느 순간 깨달음이 왔다. 아! 주님이 나를 깨우고 계시구나! 시간과 공간을 초월한 최고의 적절한 시간에 응답하시는 하나님께 찬양과 경배를 드린다. 이번 방송이 나가기 전에 고난의 긴 터널을 빠져나가고 있을 때 주님이 "너는 매일 같이 기도제목을 올려 보내서 나는 응답하느라 바쁜데 너는 왜 내 일을 안 하느냐?"하는 음성을 들었다. "그러네요. 할 말이 없네요. 이제부터 어떤 일도 두려워하지 않고 하겠습니다." 라고 말한 지 한 달 만에 녹화부터 방송에 이르기까지 다 해냈다. 그리고 다른 방송사에서도 섭외가 들어와서 녹화까지 다 마쳤다. 이것이 모두 한 달 만에 이루어졌다. 주님이 높이고자 하시면 낮출 자가 없다는 약속의 말씀이 나에게 실현되다니 놀라운 은혜이다. 그간의 모든 고통이 한순간에 사라지고, 내면에 있던 찌꺼기까지 말끔히 씻겨졌다. 은혜로 하나님의 그 크신 사랑을 대면하고 나니 은혜로 못 덮을 것이 없었다. 우리의 인생과 더불어 살아가시는 주님. 그 속에서 순종하는 자에게 모든 것을 계획해주시는 주님을 만나길 사모하는 자에게 반드시 응답해 주신다.

"그러나 사람의 속에는 영이 있고 전능자의 숨길이 사람에게 깨달음을 주시나니 어른이라고 지혜롭거나 노인이라고 정의를 깨닫는 것이 아니라."(욥 32:8-9)

7.
하나님의 계획은 섬세하시다

"너희가 즐겨 순종하면 땅의 아름다운 소산을 먹을 것이요 너희가 거절하여 배반하면 칼에 삼켜지리라 야훼의 입의 말씀이니라."(사 1:19~20)

아직 남은 생애가 있는 동안 나는 하나님의 선한 청지기가 되어 순종하려고 한다. '성령과 동행하면 지치지 않는다'와 '고난은 나의 밥이다' 그리고 현재 기록하고 있는 '이겼느라' 세권의 책들과 '성령으로 오신 주님' 1집 음반을 통해서 문서사역과 찬양사역을 펼치게 될 것이다.

지금까지 나와 동행하시며 나를 지켜주신 주님 그리고 앞으로도 함께 하실 주님을 확신하기 때문에 복음사역에 주저하지 않을 용기가 있다.

2018년도에 내 생애에 최고 어려운 고난의 터널을 지나면서 기도에 응답하시는 하나님을 보게 되었다. 하나님께서 응답과 동시에 회복시키시고, 나를 들어 사용하시며 아픈 기억을 망각시키는 은혜를 체험하게 해주셨다.

하나님이 하시는 놀라운 일은 모든 것에 계획이 있으시다는 것을 깨달

왔다.

　내 방송이 재방송으로 4번이나 가을 특집으로 나가게 되었다. 첫 방송이 나오는 날은 회사 사무실을 이사하는 날이라 시청을 못했는데 방송을 본 사람들한테서 연락이 오기 시작했다. 경치도 아름답고, 방송도 아주 잘했다는 말을 듣자 안도의 숨이 쉬어졌다.

　방송이 나오기가 무섭게 바로 연락이 온 곳은 한국이 아닌 필리핀에 계시는 서샬롬 목사님이었다. 방송 시간을 알려 준적도 없는데 정말 세계적인 방송이라는 것이 실감이 났다. 잠시 후 미국 애틀란타에서도 방송을 봤다는 연락이 왔다. 순복음교회 전도사님의 언니가 그곳에서 이복자 권사의 간증을 보고 은혜를 받았다며 흥분되어서 연락이 왔다고 전도사님이 전화를 했다.

　이번 방송처럼 이렇게 급속도로 진행된 적이 없다며 방송국 직원과 아나운서 모두가 하나 같이 입을 모아 얘기하는 걸 보면서 하나님의 계획으로 착오 없으신 진행이었다는 것을 느꼈다.

　방송이 두 번째 나가는 날, 굿티비 방송국에서 방송섭외가 들어왔다. 통화 중에 "오늘 CTS에서 제 녹화방송이 오후 6시에 나갑니다."라고 이야기를 했더니 그쪽에서 주춤하는 기색이 느껴졌다. 그래서 간증은 얼마든지 새로운 것들이 많이 있다고 말하자 얼마 후 방송을 녹화할 날짜를 문자로 보내왔다. 방송국에서 작가와의 상담이 있었는데 내가 마땅히 시간을 못 내서 전화와 문자로 상담하였고, 드디어 굿티비 방송국에서 녹화를 하게 되었다.

　역시 연예인이나 방송인이나 카메라 앞에서 긴장하기는 마찬가지인 것 같다. 두 번째 방송이라 조금의 여유를 가졌었는데 막상 방송에 임할 때는 상황이 다른 질문들을 갑자기 받게 되므로 약간 떨렸다. 연예인들이 무대에 오를 때마다 떤다고 하는 이야기가 이해가 갔다.

　방송 일정은 2013년 설 연휴인 2월 2일, 4일, 6일로 잡혔다. 주의에서 연휴 기간이라 TV를 시청하는 사람들이 많을 것 같다며 방송날짜가 좋다고 말했다. 아직은 굿티비 방송을 보기 전이지만 방송국 작가와 스텝들에게 녹화가 은혜롭게 잘 되었다는 이야기를 전해 들었다.

　이 모든 것이 하나님의 작품이라고 생각된다. 지금까지 방송이라고는 생각도 해본 적이 없었다. 한 해에 두 군데서 또 같은 시기에 방송을 하게 된 것이 하나님이 하신 일이 아니고서 누구도 그런 각본을 써낼 자가 없을 것 같다.

　하나님은 작가요, 설계자요, 그것도 최고의 드라마를 우리 인생에 걸맞게 각자 설계하는 분이시다. 하나님은 피조물들을 이처럼 섬세하게 보살피며 하나님과 동행하는 인생들이 되기를 원하시니 성도님들도 하나님께 맡기는 삶을 기대해 보기를 간절히 원한다.

8.
교회를 네 곳이나 개척한 평신도

"세월을 아끼라 때가 악하니라 그러므로 어리석은 자가 되지 말고 오직 주의 뜻이 무엇인가 이해하라."(엡 5:15-16)

2018년 가을, 국립 의료원에 심방을 갔을 때 병실을 돌면서 책이 필요한 사람에게는 책을, 기도를 요청하는 사람에는 기도를 해주었다. 그리고 양말은 입원환자들에게 모두 나누어 주었다. 이 일을 7년째 하고 있다 보니 여러 가지 상황이 생길 때가 있다. 어느 때는 교통사고 환자가 퇴원을 하려는데 옷이 교통사고 났을 때 입고 있었던 찢어진 것뿐이라며 새 옷을 요청하기도 하였다. 그때는 바로 병원전도를 마치고, 가까이에 동대문 시장이 있어 운동복을 한 벌 사서 전도사님 편에 보내 준 일도 있다. 때로는 성경책이 필요하다고해서 성경책을 사서 준적도 있다.

어느 날 환자들에게 내 저서를 전해줬는데 한 달쯤 지났을 때 내 책을 받은 사람에게로부터 전화가 왔다. 우리가 병원에서 전도할 때 책을 받은 사람이라면서 인상착의를 설명하는데 기억이 어렴풋이 떠오르는 사람이 있었다. 깔끔하고 이목구비도 뚜렷하고 조금 도도함도 있었다. 그 밤에 전화로 기도 요청을 하기에 이름과 아픈 사연을 간단히 물어보자 그는 허리와 무릎관절이 아프다고 했다. 온전히 성령님께 의지하여 머리부터 가슴 쪽으로 기도해 내려갈 때 심령이 진동하며 가슴 깊은 곳에서 흐느끼는 것이 느껴졌다. 그 다음 허리와 무릎에는 본인 손을 얹게 하고, 나 역시 내 손을 내 무릎관절과 허리에 손을 얹고 기도해주었다. 성령님께서 도우셔서 그가 위로를 받고 있음을 진동으로 느낄 수가 있었다.

그 후 몇 개월이 지나 전화가 왔다. 언제 국립의료원에 오시느냐며 그곳에서 만나기를 요청했다. 며칠 전에 크리스마스 때문에 병원 심방을 앞당겨서 갔다 왔다고 했더니 만나서 상담을 하고 싶다기에 알겠다며 시간을 내보겠다고 대답을 하고 전화를 끊었다.

얼마나 바쁘고 경황이 없는 일들이 계속 생기는지 그와의 약속을 못 지키고 시간이 1년쯤 지나갔을 때 성령님께서 그를 몇 차례 생각나게 하셨다. 그가 왜 그렇게 만나기를 원했는지가 궁금해져서 전화를 걸었다.

"1년 만에 전화를 주셨네요."라고 말하며 반가워하는데 나는 미안한 마음이 들었다.

그는 내가 국립의료원으로 봉사 가는 날 오겠다며 만나기를 청해 다시 약속을 정했다. 그와 약속한 날 병원전도를 마친 후 1층 로비에 있는데 멀리서 그가 보였다. 우린 서로를 알아볼 수가 있었다. 우리는 2시간쯤 이야기를 나눴는데 그는 내가 생각지도 못한 일을 하고 있는 분이었다.

그분은 초기에 아파서 병원에 가 보아도 안 낫고 하니 어떤 사람이 교회를 가보라고 권했다고 했다. 그래서 교회를 가게 되었는데 전도사님이 남편을 통해서 교회를 세우라고 이야기하면서 어느 곳에 가면 그곳에 빈

집이 있다고 일러주었다고 했다.

  그 부부는 용기도 대단했다. 마을에서 십리를 가야 교회가 있어 마을 사람들이 우리 마을에 교회가 있었으면 좋겠다고 해서 교회를 세웠다고 한다. 기도해준 전도사님이 교회 탁자와 의자를 보내주셔서 교회를 세우고, 전도사님을 청빙하여 월급을 드려가며 교회를 섬겼다고 한다.

  성도가 50~60명쯤 되어 교회가 기반이 잡히니 부부는 교회를 떠나게 되었고, 35년 동안 교회를 4곳이나 개척했다고 했다.

  이 부부는 신학을 한 것도 아니고, 평신도로서 장로와 권사직분으로 교회를 세우고 헌신하며 사명을 감당한 사람들이다. 지금은 수유리에 있는 감리교회에서 헌신하고 있으며 성도가 100명 정도 된다고 한다.

  그런데 그 교회에서 또 떠나야할 때가 되었다고 고민을 하고 있다며 내가 예언기도를 하는 사람이 아닐까? 하여 만나기를 청하였다기에 나는 성령님의 은혜로 치유사역을 하는 사람이라고 말했다.

  교회를 네 곳이나 개척한 이야기를 듣다보니 순식간에 2시간이나 지나 서둘러서 회사로 들어왔다.

  마지막 때가 가까워서인지 지금은 큰 교회를 중요시하는 것이 아니라 작은 교회일지라도 알곡을 양성하는데 중점을 두는 작은 교회들이 많이 생기고 있다.

  세계 어느 나라를 간다고 해도 우리나라 같이 교회가 많고 십자가가 많은 나라는 없다. 그러니 하나님께서 마지막 때에 우리나라를 제사장의 국가로 세워주시지 않겠나! 우리나라는 하나님의 축복 권에 들어가 있다. 기적이다. 6.25 전쟁을 겪고 폐허 더미에서 아무것도 기대할 게 없었던 상황에서 남북이 반 토막이 난 이 나라를 여기까지 성장을 시키셨고,

교회를 부흥케 하심은 하나님의 선하심이다. 이 땅에 하나님의 계획이 있어서 우리 백성들과 함께 하셨다. 그 뜻이 온전히 이루어지도록 믿는 자들이 지혜를 구하며 기도할 따라고 생각한다. 하나님의 백성들이 먼저 이 나라를 위해 회개하고, 자복하며 기도해야 주님의 계획을 차질 없이 이루어 낼 것이다.

"그들의 영혼을 사망에서 건지시며 그들이 굶주릴 때에 그들을 살리시는 도다."(시 33:19)

9.
교통사고가 났다

    2018년 7월 말 퇴근길에 교통사고가 났다. 구리 톨게이트로 진입하기 위해서 속도를 서서히 줄이고 있을 때 급격하게 요란한 소리가 났다. 땅이라도 폭발한 줄 알았다. 뒤에서 오던 차가 우리 차를 들이 박았는데 속도를 100km로 달려온 것으로 추정된다. 그 차를 운전한 분은 철원 쪽에서 목회를 하시는 흰돌교회 목사님이셨다. 아마도 새벽부터 다른 교회에서 집회를 인도하고 오시다가 졸음운전을 하지 않으셨나? 하는 생각이 들었다. 우선 뒤 범퍼 쪽을 사진 찍어놓고, 보험처리를 하기로 하고 헤어졌다. 이튿날 얼마나 망가졌나 확인해 보니 좌석 목 받침까지 충격으로 다 튀어나와 있었다. 받침이 덜렁거릴 정도로 망가졌음에도 우리는 목을 다치지 않아 다행이었다. 뒤 트렁크가 버걱 버걱 소리가 나고, 안에 철판과 프레임이 분리되어 있었다. 뒤쪽 범퍼와 트렁크 뚜껑까지 바꿀 정도로 사고가 크게 난거라 정비 견적이 5백만 원 이상 나오고, 수리하는 기간도 길게 잡았다. 우리 부부는 사고가 난 후로도 회사 일과 교회 고등부

수련회, 부장 장로로 수련회에 따라가는 등 행사를 마칠 때까지 병원 가는 일을 지체할 수밖에 없었다. 이런 우리 부부를 보고 주일에 여러 사람들이 '교통사고 난 사람이 왜 병원을 안 가보느냐고, 후유증이 얼마나 무서운데' 하며 이야기들이 분분하였다. 목사 사위가 '자기가 맡고 있는 교구에서 1년 전에 교통사고 난 사람이 바로 병원에 안가서 반신불수가 되었다'며 빨리 병원에 가보라고 권면하자 하는 수 없이 병원에 가서 검사를 받으면서 물리치료도 받게 되었다. 나는 가까운 병원에서 물리치료를 받으면서 회사 일도 보고, 오후에는 손자도 돌봐야 할 상황이라서 병원에 입원하지는 못했다. 그날도 오후에 며느리에게 손자를 보러 가려고 전화를 걸었더니 며느리의 친정 부모가 오랜만에 오셨다며, 그분들도 교통사고가 크게 나서 차도 많이 망가지고, 몸도 많이 다쳐서 병원에서 오랫동안 치료받고 나와서 처음으로 딸집을 오셨다고 했다. 우리 이야기를 듣고 병원에 가서 꼭 검사도 받아보아야 한다고 이야기 하셨다며 며느리와 아들이 서두르는 바람에 저녁 때 갑자기 병원에 입원하게 되었다. 남편은 6인실에, 나는 교통사고 환자들이 많아서 병원 측에서 2인실 병실로 입원하도록 했다. 같은 병실에 13살짜리 학생이 있었다. 교회에서 장난치다가 문짝에 발이 끼어 새끼발가락이 찢어져 접합수술을 한 지 하루가 되었다는데 아파하는 것을 차마 볼 수가 없어서 자청하여 기도하게 되었다. 기도를 받고 난 아이는 성령의 열기로 뜨겁고 더워 땀이 난다고 하기에 어느 부분이 뜨겁냐고 물었더니 발가락이 제일 뜨겁고 몸 전체에 열기를 느꼈다고 했다. 그날 아이의 엄마가 생일이라면서 16살 먹은 중학생 형이 하트초코 케이크와 음료수를 사가지고 왔다. 아이의 아빠도 저녁이 되니 퇴근을 병원으로 하였다. 나도 그들과 함께 생일을 축하하면서 만감이 교차했다. 아이의 아빠는 왼쪽 손이 잘 발달되지 않은 장애가 있고, 엄마도 동일하게 왼손과 팔 그리고 다리까지 소아마비를 앓았던 것 같았다. 어깨와 다리가 균형이 안 잡혀 다리를 절고 있었다. 그럼에도 불구하고 얼굴은 정상적인 사람들보다 표정관리가 잘되어 웃는 인상을 하고 있었다. 그 부부는 본인들이 장애인인데 아이들이 장애 없이 정상으로 태어난 것에 자부심을 가지고 있었다. 자녀들도 엄마 아빠가 장애인일지라도 충분한 사랑을 받아서인지 잘 자란 것 같았다. 부부는 작은 것에 만족하고, 행복하다는 긍지를 가지고 살아가며 남편은 교회생활도 헌신적으로 봉사를 실천하여 교사직을 오래 하였다고 한다. 넉넉지 않은 살림에도 남편의 월급에서 조금씩 돈을 모아서 친정 부모님이 농사 지어놓은 쌀을 사서 어려운 교역자들도 섬기고, 어려운 성도들에게도 나눔을 실천한다고 한다. 옛말에 보리밥 먹을 때 남을 도울 수 있지만 쌀밥 먹을 때는 돕기가 어렵다는 이야기가 있듯이 이 사람들이야 말로 그 일을 실천에 옮기는 그런 사람인 것 같다. 교회 안에서도 장애가 있다 보니 상처를 많이 받은 때도 있었다고 한다. 그러나 그때마다 성령님께 기도하여 지혜롭게 넘기며, 작은 교회지만 기둥 역할을 하고 있는 것 같았다. 이 사람들을 위해 저녁 8시에 기도해주기로 약속을 하고, 시간을 기다리고 있는데 옆방에 있는 환자가 다리를 뻗은 채 휠체어를 타고 들어와 내 앞에 발을 내밀고 있는 것이 아닌가! 이 환자는 치과치료를 받으러 갔다가 계단에서 넘어져서 바로 그 건물에 있는 정형외과에 입원을 한 환자이다. 40세쯤 된 건장한 장년인데 그렇게 넘어졌다고 다리에 철심을 여러 군데나 집어넣었고, 발목부터 무릎까지 들어간 철심은 마치 작은 방망이처럼 보였다. 아무리 작은 것일지라도 다른 물체가 신체에 들어가면 거부반응으로 통증이 온다. 그러니 이 환자의 통증은 말로 할 수 없을 만큼 크다는 걸 가히 짐작할 수가 있었다. 자기 자녀들이 우리 병실에 놀러와 있나 보러온 것 같았지만 심한 통증을 견디기 힘들어 갈피를 못 잡고 들어오지 않았나 싶다. 그 사람을 바라보며 나는 이건 무엇을 뜻합니까? 8시에 약속 되었던 기도 받을 사람이 이 사람입니까? 그런 생각이 들지 않을 수 없는 것이 휠체어에 앉아 철심을 박은 다리를 뻗은 채로 내 앞에 있으니 바로 성령의 사인임을 직감했다. 기도 받기로 약속했던 아이 엄마에게 지금 이 시간에는 이 사람이 기도 받을 사람인가보다고 얘기했더니 알았다고 답하였다. 그래서 주저하지 않고, 지금 내가 당신을 위해서 기도를 할 테니 기도를 받겠느냐고 묻자 얼마나 고통스러운지 기도를 받겠다고 했다. 그의 부인이 교회도 안 다니는데... 라고 말하자, 그는 거래처에 갔다가 예배 가끔 드렸다고 말하였다. 나는 환자의 성명을 확인한 뒤 바로 기도에 들어갔다. "머리에 손을 얹고 안수하며 성령님을 의지하고 간절히 사모하오니 사랑하는 당신의 아들에게 긍휼을 베풀어 주시옵소서. 아픈 고통을 호소하는 당신의 아들입니다. 머리서부터 통증이 사라지도록 주님이 도와주시기를 간절히 기도합니다." 척추까지 안수하며 지압도 하고 기도를 마치자 그는 아멘으로 화답하였다. 그리고 "어? 기도 받는 동안 덜 아픈 것 같네요."하며 바로 그 자리를 떠났다.

아마도 내가 알기로는 이 사람에게 주님이 부르시는 사인이 아닌가 싶다. 한참 젊고 건장한 사람이 계단에서 넘어진다고 그렇게 많이 다칠 수는 없다. 고난을 통해서도 주님의 부르심이 있기 때문이다.

나도 여러 차례 계단에서 굴렀었다. 3층에서 2층까지 12계단을 구르면서 놀라 오줌까지 싼 일도 있었는데 그때는 주님의 전적인 도우심으로

다친 데가 하나도 없었다. 태국여행 중에도 병자를 위해 계속 기도를 하니까 사탄이 나를 계단에서 굴러 떨어뜨렸다. 다리가 다 벗겨지는 줄 알았는데 껍질도 벗겨지지 않고, 피도 한 방울 흘리지 않았다. 악한 세력들은 우리를 넘어뜨리고 해치려하나 주님의 도우시는 손길이 있음을 깨달아야 한다. 그 다음날 기도해주려던 아이 엄마까지 기도해주고, 병원에서 5일 동안에 세 사람을 기도해주다 보니 퇴원할 날이 다가와서 그곳에 몰입되었던 시간을 뒤로하고 퇴원하게 되었다.

"너희 중에 고난당하는 자가 있느냐 그는 기도할 것이요 즐거워하는 자가 있느냐 그는 찬송할지어다."(약 5:13)

10.
하나님이 일하시는 방법

"사람이 하나님의 뜻을 행하려 하면 이 교훈이 하나님께로부터 왔는지 내가 스스로 말하는지 알리라"(요 7:17)

2005년 가을, 천호동에 3개의 매장을 다 접어버렸다. 천호동 구사거리에 있던 핸드폰 매장은 도로 확장을 하기 위해 6개월이나 파헤쳐졌다. 두부를 잘라버리듯 반 토막을 낸 매장에 인테리어를 해놓았다. 그러나 다시 핸드폰 매장으로 하기에는 좁아서 어찌할 바를 알지 못해 천호동 사거리를 왔다갔다 헤매고 있을 때, 직장 선교회에서 몇 차례 예배를 드리면서 알게 된 전도사님을 만나게 되었다. 그때 내 마음이 얼마나 다급했는지 전도사님 저와 같이 우리 매장 좀 같이 가실러요? 하며 텅 빈 매장으로 전도사님을 데리고 들어갔다. 자존심을 다 내려놓고, 자초지종을 설명하며 둘이서 방언으로 얼마나 기도를 열심히 했는지 모른다. 빈 매장에서 기도를 하니 좋은 아이템이 나왔고, 그때 그곳에서 의류매장을 하게 되었다. 동대문 쪽으로 확장 이전하게 된 지가 벌써 13년 전이다. 지금 우리 회사는 직원을 몇 십 명을 고용한 법인체가 되었다.

그동안 이 전도사님은 내게 어려움이 닥칠 때마다 항상 옆에서 조언을 해주며 기도해주는 자리를 지켜주셨다. 이 전도사님의 아들과 딸 모두가 주의 종으로 사역의 길을 가고 있다. 아들은 순복음교회에 목사님으로 사역한다. 딸이 미국에서 신학을 공부하면서 전도사님이 물질적으로 너무 어려움을 겪어 여러 사람들이 돕는 손길이 되었다. 그중 나도 한사람이 되어 부족한 부분을 채워가며 서로 기도의 동역자가 되어 주었다.

어느 날 우리 부부가 병원에서 나와 차를 찾으러 가는 중에 보험사로부터 전화가 걸려 왔다. 합의를 하자고 몇 마디를 한 후 바로 합의금을 보내주겠다고 했다. 서로 밀고 당기고 할 것 없이 순조롭게 이루어졌는데 생각보다 많이 받았다. 우리가 타고 가던 택시기사님도 그 정도면 많이 받았다고 했다. 그 다음 날 회사에 출근을 했더니 전도사님이 먼저 와 계셨다. 전도사님은 우리가 병원에 입원해 있을 때부터 문병 온다는 것을 사양을 했더니 퇴원하자마자 회사로 달려온 것이다. 전도사님은 내가 병원에서 치료를 받고 있는 동안에도 사업장을 위해서 중보기도를 계속해서 하셨다고 말했다. 전도사님은 딸이 얼마 전부터 심리상담 공부를 시작했는데 등록금 마감이 임박하다며 기도부탁을 하셨다. 금액이 총 얼마가 되는지 물어봤더니 430만원이라고 했다. 준비된 돈을 물어보자 30만원이라기에 깜짝 놀랐다. 준비된 금액이 적다는 것도 있지만, 이번 교통사고로 받은 합의금과 등록금이 딱 맞아 떨어지니 내가 어찌 거부를 할 수 있겠는가! 너무 기막힌 것이 어찌 하나님은 사고를 내서라도 합의금을 받아 다른 사람의 등록금을 내게 하시는 분이란 말인가? 아마도 금액이 턱없이 부족하였다면 나도 망설였을는지 모른다. 그 일이 힘들고 못하겠다고 맞섰어 순종하지 않았을 수도 있었다. 그러나 성령의 뜻을 거스르지 않는 것이 주님을 믿는 하나님의 사람임을 확증하는 것이다. 그렇게 해서 나는 테스트를 통과했고, 전도사님의 딸 학교 등록이 순조롭게 이루어졌다.

"주를 찾는 모든 자들이 주로 말미암아 기뻐하고 즐거워하게 하시며 주의 구원을 사랑하는 자들이 항상 말하기를 하나님은 위대하시다 하게 하소서" (시 70:4)

11.
그는 여호와 전능의 하나님

그는 여호와 창조의 하나님 그는 여호와 전능의 하나님
길르앗의 향료요 반석의 하나님 그는 여호와 치료의 하나님
찬양하세 할렐루야 찬양하세 오~ 할렐루야
그는 여호와 전능의 하나님 그는 여호와 치료의 하나님

자존의 하나님 아브람의 하나님 여호와 살롬 평강의 하나님
이스라엘의 하나님 영원한 하나님 그는 여호와 치료의 하나님
찬양하세 할렐루야 찬양하세 오~ 할렐루야
그는 여호와 전능의 하나님 그는 여호와 치료의 하나님

여호와 이레 그는 나의 공급자 구원의 하나님 구주의 하나님
아들을 보내어 그를 증거 하셨네 그는 여호와 치료의 하나님
찬양하세 할렐루야 찬양하세 오~ 할렐루야
그는 여호와 전능의 하나님 그는 여호와 치료의 하나님

제 2 부
선교여행

12.
유럽여행과 성지순례

"나는 감사하는 목소리로 주께 제사를 드리며 나의 서원을 주께 갚겠나이다 구원은 여호와께 속하였나이다 하니라." (욘 2:9)

 2015년 추석 무렵, 내 몸이 극도로 쇠약해져서 머리도 멍해지고, 추석을 준비할 엄두도 못 내겠기에 시어머니와 남편과 아들 부부 이렇게 모인 가운데 이번 추석엔 도저히 준비를 못하겠다고 선포를 했다. 모두들 웬일인가 싶어 눈이 휘둥그레지더니 병원으로 가서 입원을 해야 되지 않겠냐며 남편과 아들부부가 서둘렀다. 나는 병원에 갈 병이 아니고, 기도원으로 갈 병이라고 했다. 그럼 기도원으로 가자며 남편과 시어머니가 기도원까지 같이 가서 나를 내려놓고 돌아갔다. 지금까지 한 번도 명절을 소홀히 한 적이 없었던 터라 나 자신도 내려놓기가 쉬운 일이 아니었는데 마음을 편하게 내려놓기로 정했다. 우리 집이 장손이다 보니 보통 30명은 족히 모이기 때문에 음식도 웬만큼 장만해서는 되지 않는다. 명절 전날부터 와서 하룻밤을 지내니까 전날 저녁에 먹을 것도 준비해야 된다. 40

년을 한 번도 거르지 않았던 일이니만큼 나 자신도 결단을 내리기 전까지 얼마나 망설였는지 모른다. 그 일이 힘들고 못 하겠다는 생각이 든 적이 없었으니까. 명절 때는 주로 구리 농수산시장에서 장을 봐서 준비를 한다. 그 일 또한 사명이 없이는 못하는 일이다. 내가 못하겠다고 가족들에게도 통보를 해놓고, 내 며느리에게 쌀밥과 소고기국을 끓이라고 당부를 하고 나니 동서 한사람은 고기를 재워오고, 또 한 동서는 약밥과 식혜를 해마다 해왔으니까 그렇게 단출하게 차려 먹겠다고 했다. 가족들이 명절을 보내는 동안에 나는 기도원에 있으면서 참으로 오랜만에 가져 보는 휴가라는 생각이 들었다. 명절 특별부흥성회에서 은혜를 받고 나와서 잣나무 숲속에서 누구의 제재도 받지 않고 찬양을 마음껏 불렀다. 찬양을 며칠 동안 목청껏 불러야 할 이유가 있지 않을까? 하는 생각이 들었다. 기도원 예배시간은 하루에 네 번 있는데 그때마다 은혜를 받고 나와서 잣나무 숲에서 찬양하며 3일을 그렇게 지냈다.

  10일정도 후에 유럽으로 선교여행을 떠나기로 되어 있었다. 당회장 목사님 부부와 인솔하시는 목사님과 선교 일행들의 영과 육의 강건함을 위해 기도하고, 나의 지체도 강건해지기를 기도했다. 명절 때 기도원에 온 사람들이 얼마나 많은지! 이 사람들도 아마 평일에는 나처럼 바빠서 못 오니까, 기도원을 사모하는 자들이 명절 연휴기간에 온 것 같았다. 내가 기도원에 간 것이 우연이라고 생각했는데 이 일 또한 하나님의 계획이 있었다는 생각이 들었다. 유럽 선교여행 때 9박10일을 바울이 전도했던 선교지역을 다니게 되었다. 마지막 코스인 그리스에서 로마로 이동하는 큰 배를 타고 밤새도록 배안에서 취침하고, 먼동이 틀 무렵 새벽예배를 선창가에서 드리기로 했다. 사회를 보시는 장로님의 부인이 예배드리러 가는 중에 찬양을 하시겠냐고 물으시기에 거부하지 않았다. 내가 지중해 선상에서 드리는 예배 중에 '사명'이란 곡을 마이크도 없이 목청껏 찬양을 하게 될 줄을 성령님 외에 누가 알았을까? 열흘 전에 기도원 잣나무 숲에서 이 곡을 불렀던 것이 오늘 이 시간 선상예배에서 특송을 하게 하려고, 성령께서 나를 미리 기도원으로 불러 올리셨다고 의심치 않게 되었다. 그때 우리 일행과 30여명의 외국인들도 갑판에 나와 있었는데 그들도 은혜롭게 들었는지 박수를 보내주었다. 그 일이 있은 후 나에게 찬양에 대한 열정이 생겼다.

13.
불가리아 선교여행

    5년 전쯤 대만 선교여행을 위해 무용 팀을 만들어서 연습을 하다가 청년부들이 스카우트되어 들어오게 되면서 나이가 많은 사람들이 몇 사람 빠져나가게 되었다. 그때 나도 빠지면서 아쉬움이 많았다. 대만에서 무용 팀들이 아주 폭발적인 인기를 얻었는데, 그 후 돌아와서 활약을 하지 못해 무용 팀은 해체되었다. 그러다 3년 전 샤론 선교 팀이 다시 모집이 되어 동참하게 되었다. 이때부터 무용을 배워서 여러 차례 교회에서도 또 개인적으로 요양원에서도 봉사를 하였다. 외국으로도 유럽 불가리아, 일본 등을 돌았고, 샤론 선교 팀은 단결이 아주 잘 되었다. 우리에게 무용을 가르쳐 주신 분은 여의도 순복음교회 연예인협회 회장님이며, 무용으로 평생을 바친 문화재급 실력과 경력이 대단한 분이시다. 우리 팀은 그런 분께 무용을 배우면서 행사를 잘 치러 나아갔다.

    2017년 겨울에 불가리아로 선교를 가려고 목사님 두 내외분과 또 다른 목사님, 여전도사님, 장로님 두 분, 안수 집사님 두 분, 샤론 선교 무용 팀 8명 총17명이 구성이 되어 떠나기로 하였다.

샤론 무용 팀이 열정을 가지고 무용연습을 하려고 하는데, 가장 나이가 많으신 팀원이 종합병원에서 심장에 이상이 있다고 멀리도 가지 말고 빨리 병원에 입원해서 수술을 받으라고 했다면서 걱정을 하고 있었다. 빨리 결정을 해야 할 상황인데 어떻게 할지 갈피를 못 잡고 있어서 그분을 무용실 소파에 눕힌 다음 강력하게 성령님께 의뢰하며 치유기도를 하게 되었다.

"선교 무용 팀으로 선교를 가야하는데 하나님 모든 두려움을 물리치고, 성령님과 동행하며 선교를 갈 수 있도록 이 권사님을 전적으로 치유하여 주옵소서." 간절히 두 차례 기도하며 담대하게 성령님을 의지할 것을 권하자, 권사님의 심령을 성령님께서 만져주셔서 담대하게 결단을 내리고, 선교에 합류하게 되어 열심히 무용연습을 하게 됐었다. 그 권사님은 지금까지도 병원에서 수술을 하자고 하지만 수술하지 않고, 3년 동안 건강을 잘 유지하며 믿음으로 병에 굴하지 않고 잘 지켜내고 있다.

모든 준비과정을 마치고, 불가리아에 있는 소피아임마누엘 순복음교회 설립 예배에 참석하는 일정을 가지고 선교여행을 떠났다. 그곳의 무대환경은 열악하였으나 무용 팀이 열심히 연습을 한 결과 합심하여 호흡이 잘 맞았다.

심장병으로 걱정하여 염려하던 권사님은 혈색도 좋고 최상의 컨디션을 유지하면서 산행도 동참하는 놀라운 일이 일어났다.

불가리아 순복음교회에서 인상 깊었던 성도들을 소개하려고 한다. 그 교회에 기둥인 집시 가족이다. 택시 운전을 하는 아빠 엄마 그리고 빵집을 하는 딸은 이혼을 했고, 13살쯤 된 아들이 있다. 이 네 식구가 교회에 일등 공신으로 모든 교회행사를 도맡아서 일선에서 돕고 있는 듯 했다. 우리들을 위해 빵으로 상차림을 해주었는데 맛과 멋이 어우러지게 잘 차려놓아서 다들 찬사를 보냈다. 그 가족은 우리가 불가리아 교회에 있는 동안 음으로 양으로 돕는 손길이었다. 우리 팀이 교회에서 멀지 않은 도시를 돌아보는 시간이 있었다. 그때도 어느새 맛있는 다과를 쟁반에 푸짐하게 준비하여 차에 실어놓아 관광 중에도 음식을 즐기며 먹을 수 있었다.

설립하는 교회의 전도지를 가지고 시장으로 나가서 둘씩 짝을 지어 장을 보러 나온 사람들에게 전도지를 나눠주면서 불가리어로 "바르바이떼브 이수스"라고 말했다. 우리말로 "예수 믿으세요."란 뜻이다.

나와 짝이 된 권사님이 "자쁘뱌다이떼 쁘리 보가" 우리말로 "예수님께 돌아오세요, 예수님을 믿으세요."라고 수백 번을 외치며 다니니 사람들이 우리를 구경하는 듯했다. 작고 아담한 동양 사람들이 무용을 하다가 나와서 머리모양도 다 똑같고, 무대 화장을 하고, 시장을 행보하며 그 나라 말로 전도 하며 다녔으니 말이다.

그리고 현지에서의 노방전도와 전도해온 사람들과 만나 식사를 같이 한 것은 아름다운 추억이 되었다. 그날 현지인 의사가 전도되었는데 한국 음식을 참 잘도 먹었다. 그 다음날도 노방전도를 나섰다.

그 나라 사람들은 키도 크고, 코도 크고, 울퉁불퉁하게 몸집이 큰 사람들이 많아 선뜻 다가서기가 쉽지 않았지만 의외로 순수한 면을 볼 수가 있었다. 우리가 전도지를 주면서 그 나라 말로 "예수 믿으세요." 라고 하면서 전도지를 주면 받아서 버리는 사람도 없고, 거절하는 사람도 거의 없다. 다들 우리들을 보면서 지나가고 우리를 의아해 하며 쳐다보기도 했다.

참으로 신기한 일은 하루 종일 그 나라 말로 수없이 외친 말이 저녁에 숙소만 들어오면 다 잊어버리게 되고 입이 열리지 않았다. 전도 장소에서는 유창하리만큼 시선을 집중 시킬 정도로 발음이 정확하게 나오던 단어가 숙소에서는 그렇게 기억나지 않는 것도 신기했다. 우리 일행은 예배시간을 제외하고, 전드를 몇 차례 더 나갔다.

그 나라에서 본 것은 산꼭대기에서부터 큰 돌이 흘러내린 듯이 쌓여 있는데 그 돌들의 밑으로 물이 흐르고 있다고 했다. 우리 눈으로는 물을 볼 수가 없었지만 물 흐르는 소리는 나고 있었다. 그리고 또 한 곳은 동굴 입구부터 돌로 터널을 이루고 있는데, 높이가 30미터나 되는 돌로 된 동굴이었다. 도보로 20분쯤 걷어가는 돌 터널 천장에 구멍이 지름 5미터 정도 뻥 뚫려 있어 하늘도 보이고, 햇빛도 들어왔다. 더러는 달도 그곳에 걸릴 때가 있다고 했다. 그 터널을 지나니 바깥세상이 나왔다.

우리 일행은 그 교회 주변에서 전도에 힘쓰고, 그렇게 몇 곳 둘러보고, 선교일정 9일을 마쳤다. 선고를 마치고, 불가리아를 떠나는 날 눈 때문에 비행기가 뜨지 못해 공항에서 아침 8시부터 저녁때까지 마냥 기다리고 있었다. 그때 공항으로 교회 집시가족이 맛있게 구운 빵을 가지고 나와서 얼마나 감사한지 그날 그들로부터 진정한 사랑과 배려를 배우게 되었다.

집시가족이 구워온 빵으로 점심을 먹고, 공항 대기실에 있을 때에 권사님 한분이 머리가 아파서 어쩔 줄 모르기에 목사님, 전도사님도 계시지만 옆에 있는 내가 기도하는 것이 빠를 것 같았다. 주저하지 않고 바로 그 머리에 손을 얹고, 강하고 담대하게 공중권세들, 어둠의 영을 꾸짖으면서 기도했다.

"예수 그리스도의 권세로 명하노니 더럽고 악한 영들아! 천 권사의 지체로부터 묶음을 풀고 떠나갈지어다. 예수그리스도의 보혈로 머리 정수리부터 발끝까지 흘러내릴지어다. 내가 주 예수 그리스도의 말씀을 선포하는 곳에서 죄 사함을 믿노라. 내가 선포하노니 하늘나라가 이곳에 도래함을 믿노라."

강하고 담대하게 선포를 하고 나니 바로 성령께서 일하심을 볼 수가 있었다. 기도가 끝나자 바로 기도를 받던 천 권사님이 가슴에서부터 혈이 목덜미를 타고 머리로 올라가고 머리에서 피가 주르륵 내려 오는듯하더니 아프던 머리와 어지럽고 메슥거리던 속이 그 순간 깔끔하게 치유가 되었다.

하루 종일 공항에 묶여 무작정 비행기를 기다리고 있는데 창 밖에 설경이 얼마나 멋졌던지 모른다. 불가리아에 와서 별로 본 것은 없어도 설경은 가관이었다.

독일 비행기가 운항을 중단하는 바람에 우리 일행은 터키를 들려서 한국으로 들어가는 비행기를 저녁시간에야 타게 되었다. 그렇게 터키 공항으로 가서 2시간을 머물고 있는데 터키 공항을 빨리 떠나라는 위험을 알리는 긴급 문자가 도착했다.

1년 전에 바울선교 대행진 때 우리 일행이 도시를 빠져나오자 그 도시에서 폭동이 일어났던 적이 있었다. 그때가 갑자기 생각이 났다. 공항 분위기가 살벌하여 조금은 두려움도 있었지만 2시간 후에 비행기가 준비되어 밤새도록 비행기를 타고 한국에는 새벽에 도착했다.

2년이 지난 지금까지도 우리가 전도했던 사람들은 그 교회에 정착하여 잘 적응하고 있으며, 교회는 현재 집시 족까지 100여명 정도 부흥 성장하고 있다고 전해왔다.

즐거이 찬양할지어다! 아멘!

14.
베트남 선교여행

성산 순복음교회에서 실업인회 주최로 2019년 4월1일부터 4월5일까지 베트남 호치민에 있는 순복음교회로 선교여행을 목사님과 사모님 교역자 5명, 장로님과 권사님들 16명 총 23명이 다녀왔다. 그중에 샤론 선교팀은 몸 찬양을 몇 달 전부터 준비를 하였고, 선물과 선교후원금을 준비하였다.

선교 나가기 전에 여러 가지 준비도 필요하지만 우선 릴레이식 금식기도를 작정하고 전 인원이 지켜나갔다.

4월1일 새벽부터 서둘러서 인천국제공항에서 7시30분 비행기를 타고, 베트남 호치민에 있는 떤엿 공항에 11시30분에 도착하였다. 베트남의 날씨가 한참 더운 때였다.

숙소에서 짐을 풀고 호치민 시내를 관광하며 베트남 사람들의 사는 모습을 돌아봤다. 퇴근시간이 되니 각 골목에서 대로로 쏟아져 나오는 오토바이 행렬이 장관이었다. 우리나라에서 볼 수 없었던 풍경이라 우리 일행은 와~ 와~하며 사진 찍기에 바빴다. 사거리에서 한눈에 오토바이 400대는 볼 수 있었다. 이들은 어디론가 밤낮없이 전쟁이라도 하러 가는 사람들처럼 달렸다.

베트남은 월남 전쟁을 겪었음에도 불구하고, 몇 년 동안에 많은 발전을 한 것을 보면 건설 사업이 나라를 발전시키는데 큰 역할을 한 것 같다.

또 베트남전쟁 때 미군이 호치민에 있는 베트콩한테 대하면서 정치는 사회주의 국가로, 경제는 자유주의로 발전시켜 개발도상국가로 성장을 하고 있는 나라이다. 이 나라가 사회주의국가라 전도를 직접 나가서 할 수는 없고, 땅 밟기 전도를 하다 보니 소극적인 감이 없지 않았다.

다음 날은 메콩 강을 따라 배를 타고 수상가옥도 보고, 숲속으로 들어가서 그들의 삶과 베트콩들이 끝까지 미군을 저항했던 땅굴을 보기도 하고 직접 들어가는 체험을 할 수 있었다. 그곳에서도 여군 전투병들이 활약을 했던 모습을 보게 되었다.

여의도 순복음교회에서 베트남으로 파송했던 김남균 선교사님은 감옥에도 갔었고, 베트남 당국으로부터 추방을 당하였다. 순복음교회는 선교 의지를 굽히지 않고, 지금은 현지인을 신학공부를 시켜서 작은 교회를 개척하게 해주었다. 베트남에서 개척을 한 교회가 10여 곳이며 신학공부를 시킬 수 있는 센터도 설립 했다. 그곳 선교사님들은 큰 비전과 꿈을 가지고 그곳에서 사역을 하고 있다. 우리 일행은 저녁시간을 통해 센터와 개척한 교회를 돌아보았다.

새벽기도를 간 호치민 순복음교회와의 인연은 참으로 묘하다. 10년 전에 호치민에 순복음교회에 잘 아시는 분이 교회를 설립 하게 되어 후원을 여러 해 동안 했었다. 그 후 설립예배를 드렸던 교회를 여행 중에 한 번 들린 적이 있었다. 그런데 그 목사님이 떠나고 다른 목사님이 3대째 시무하고 계셨다. 인생은 돌고 도는 것. 그분은 떠났어도 내가 후원했던 그곳을 돌아보고 있으니 미묘한 감정이 살아났다.

마지막 날 저녁 현지인이 개척한 교회에서 공연이 있어 몸 찬양 팀이 준비를 하는 동안 그 교회에 다니는 성도들이 다 함께 모여서 저녁식사로 쌀국수와 과일 등을 준비해 놓았다. 연습을 마치고 성전으로 들어갔을 때 성도들이 성전에 가득 채워져 있었다. 그곳에서 몸 찬양 팀은 부채춤을 추웠다. 더운 날씨에 춤을 추다보니 땀이 절로 나왔다. 성령의 임재가 충만하였고 은혜가 넘치는 집회였다.

예배를 마치고 나니 그 교회 청년부 성도들이 우리와 사진 찍기를 청하여 사진도 찍었다. 사랑 표현도 서슴지 않고 하는 걸 보면서 우리나라 사람들과도 참 많이 닮았다는 생각이 들었다. 사진을 찍은 후 우리 선교 팀이 준비해 간 수건을 선물로 나누는 시간이 있었다. 순간순간 그곳 성도들과 우리 선교 팀이 성령으로 하나가 됨을 느꼈다.

다음날은 선교 일정이 거의 끝나는 날이어서 목사님과 사역자분들이 금요철야기도회 준비를 위해 밤 비행기로 먼저 한국으로 출발하셨다. 남은 일행은 다음날 오후에 출국하여 한국에 도착하자마자 금요철야 예배에 참석하였다

다음 주 철야예배 때 선교보고를 하기로 되어 있었는데 나에게 대표로 간증을 하라고 하셔서 순종하였다.

성산 순복음교회에서 여러 지역에 선교를 가게 되었다. 유럽, 동남아, 아시아 일본까지 선교 길에 오를 때마다, 사전에 상당한 기도와 중보기도를 쌓아가며 출국하게 되었는데 이번 선교는 사역자분들이 많이 참석하다보니 더욱 기도로 준비하지 않을 수 없었다. 이번 선교여행은 우리 남편 장로님이 선교회장으로서 주최를 하게 되어서 내가 더욱 신경이 쓰였다. 나는 선교여행을 떠나기 이틀 전에 몸 찬양 부채춤을 맞추어 보기 위하여 교회로 가는 도중이 교통사고가 크게 났다. 좌회전 신호를 받고 급히 좌회전하는 도중에 옆에 있던 물건이 조수석에 떨어져 그걸 잡으려고 하는 순간 좌측에 큰 컨테이너 박스를 실은 차를 들이 받았다. 선교 주체가 되어 바쁘게 준비하다보니 훼방하는 사탄의 세력이구나! 깨닫고, 사고가 나는 순간 염려걱정이 하나도 되지 않았다.

트럭 운전기사는 키도 크고, 100키로 가량 돼 보이는 사람이었다. 트럭의 차바퀴가 30센티미터 정도가 긁혔다. 돈을 좀 물어주겠다 싶었는데 트럭기사는 그냥 갈 테니 내 차나 고치라기에 그분의 너그러운 다음에 감사했다.

그리고 내가 차에 올라타서 차를 운전하려니 차바퀴가 굴러가지를 않았다.

보닛이 내려앉아서 차바퀴를 누르고 밑에서 물도 흐르고 꼼짝없이 레커차를 부르도록 남편한테 연락을 취해 놓고 교회로 갔다. 사고 과정을 무용 팀에게 이야기했더니 몸이 다치지 않았으니 '할렐루야'라고 하기에 나도 '할렐루야'라고 외쳤다.

이번 선교는 무사할 것 같은 예감이 들었다. 23명이 장거리 비행을 하는데도 순조로웠다. 선교 일행이 이동하는 장거리 여정도 문제가 없었고,

현지 음식을 못 먹는 사람도 없었고 식중독이나 배탈 난 사람도 한사람이 없었다.

다들 협력하며 불평을 하는 사람도 없이 무탈하게 모두들 기쁨이 충만한 가운데 선교를 마치게 되었다. 베트남을 보고 느끼고 그곳을 위해 기도해야 할 목적과 이유를 찾는 것이 이번 우리의 선교 목적이었다.

베트남은 사회주의 공화국이고, 경제는 자유경제로 가면서 급성장한 나라인데 사회주의로 묶여 있기 때문에 선교활동이 자유롭지 못하다. 이제 조금씩 문이 열리는 이 나라에 기독교 탄압과 규제가 풀리면서 엄청난 인구가 하나님께로 자유롭게 돌아오고, 그들이 돌아와서 갈 수 있는 교회가 많이 세워지는 것이 우리의 기도제목이었다.

하나님께서도 그 나라에 많은 계획이 있으시기에 경제적으로 발전시키고 있다는 이야기를 나누면서 이번 선교보고 및 간증집회를 마치게 되었다.

15.
국내 선교지 방문

사명 찬양 곡

주님이 홀로 가신 그길 나도 따라 가오~
모든 물과 피를 흘리신 그 길을 나도 가오~
험한 산도 나는 괜찮소~ 바다 끝이라도 나는 괜찮소~
죽어가는 저들을 위해 나를 보내주소~
험한 산도 나는 괜찮소 ~ 바다 끝이라도 나는 괜찮소 ~
죽어가는 저들을 위해 나를 버리길 바라오~
아버지 나를 보내주오~ 나는 달려가겠소~
목숨도 아끼지 않겠소 나를 보내주오~

세상이 나를 미워해도 나는 사랑 하겠소~
세상을 구원할 십자가 나도 따라 가오 ~

생명을 버리던서까지 나를 사랑한 당신~
이 작은 나를 받아주오 나도 사랑 하오~

내가 섬기는 성산 순복음교회에서 실업인 소속 주최로 국내 강화도 선교지를 방문하게 되었다.

기독교 감리교회 강화 교산교회는 인천직할시 강화군 양사면 서사길 296(교산리 504-2)에 위치하고 있다.

강화도는 한국의 선교역사를 품고 있는 섬으로써 성지 순례자들이 많이 방문하는 곳이다. 강화도에 첫 번째로 세워진 교회로 강화 교산교회가 있다.

아펜젤러선교사가 세운 인천 내리교회에 다니고 있던 이승환 신자가 고향에 계시는 어머니에게 세례를 받게 하려고 소원을 가지고 1893년 인천에 내리교회에서 알게 된 존슨 선교사를 강화도 교산리로 모시고 와서 그 동네를 들어가서 그의 어머니에게 세례를 주려고 왔으나 동네를 들어갈 수가 없었다.

한국인의 의상인 도포를 입고 갓을 썼으나 동네 사람들이 들어서지를 못하게 하였다. 우리나라가 외부로부터 침략을 많이 받았기 때문에 거부감이 심하게 발동하였다.

이승환은 달밤에 어머니를 업어서 선상으로 옮겨와 존슨 선교사에게 선상에서 세례를 베풀게 함으로써 강화도에 선교역사는 시작되었다.

그 후 그 사람은 제물포에서 술집을 운영하다가 하나님이 기뻐하시는 일이 아니라는 것을 깨닫자 모두 정리하고 고향으로 돌아와서 어머니와 농사를 지며 교산교회를 섬기며 신앙생활을 하였다. 그곳에는 지금도 교회 앞에 선상에서 존슨 선교사가 갓을 쓰고 도포를 입고 두 모자에게 세례를 주는 조형물을 세워 기념하고 있다.

첫 번째로 세워진 교산교회를 모체로 하여 주변 홍의마을에 경작 농토를 엄청나게 가지고 있는 박능일 훈장에게 존슨 선교사가 첫 대면할 때 형님 절 받으세요. 넙죽 절하며 한자로 된 성경을 선물하였다. 파란 눈을 가진 자가 예의를 갖추고 선물도 가져왔는데 제법이다 하고 한문으로 된 성경을 훈장이 읽기 시작하면서 은혜를 받기 시작했다.

야수(예수)가 도대체 누구이며, 파란 눈이 와서 절하며 선물로 가져온 것이 무엇인가 궁금해서 읽기 시작했는데 박능일 훈장의 영혼에 변화가 오기 시작했다.

그 많은 소작 농민들의 빚을 탕감해주었고 종이나 더슴들을 안채로 불러 우리가 다 한 형제라며 음식을 같이 먹게 하는 큰 변화를 일으켰다. 훈장이 믿음으로 거듭나서 인천 제물포로 말을 타고 다니며 신학공부를 하여 전도사 직함을 받게 되자 1900년도에 홍의교회를 설립하였다. 그곳에서는 신앙 공동처로 한 형제라 수 십 명이 같은 돌림자로 이름을 개명하는 등 개혁의 물결을 타고 홍의교회를 중심으로 복음이 전파되었다. 강화도에 지금까지 150개 교회를 개척한 홍의교회는 강화도에 기독교 역사를 세워가는 큰 역할을 했다.

우리 일행은 이 강화도 일대를 돌아보며 많은 은혜를 받았고 새삼 강화도에 기독교 선교역사를 배워 강화도를 새롭게 인식하게 되었다.

제3부
치유사역

16.
치유의 하나님을 만나다

한 폭의 병풍을 쳐 놓은 듯 도봉산이 부엌 창문에서 한눈에 들어올 정도로 주변 환경이 좋은 도봉구 방학동 새집으로 이사를 갔다. 그런데 3년도 채 살기 전에 가족은 많고, 경제 활동하는 사람은 남편 한 사람뿐이라 가정 형편이 어려워져 집을 팔 상황이 되었다.

그때 우리 집에 세 들어 살던 사람이 눈치로 짐작하여 어려움을 겪는 나를 보고 고난 중에 전도를 하려고 얼마나 기도를 했던지 단번에 여의도 순복음교회를 가족이 도두 나가게 되었다. 시어머니, 남편, 자녀들 3명 총 6명이 그날 여의도 순복음교회에 줄을 서서 대기하고, 30분 정도 걸려서 들어갔다.

남편은 첫날부터 성가대를 보며 천사들이 찬양하는 것 같다며 흥분하는 바람에 어머니와 나는 당황했다. 남편은 그날부터 찬양 곡을 적어 가지고 와 외우기 시작했다.

한두 달 지날 무렵 집이 팔려서 개포동으로 이사를 갔는데 강북에서 강남으로 이사를 하니 지리도 몰라서 여의도로 가지 못하고 동네 교회를 다녀 볼까 하고 있을 무렵, 그간에 너무 많은 신경을 쓰다 보니 귀가 아프기 시작했다. 그냥 아픈 것이 아니고 귀에서 매미가 대여섯 마리가 시끄럽게 울고 쑤시고, 또 솜으로 막은 것처럼 갑갑했다

집 근처에 있는 영동 세브란스 병원에 한 달을 다니며 치료를 하였으나 고치지도 못하고, "병원에서 해 볼 것을 다 해 봤으니 이제 병원에 그만 오셔도 됩니다."라는 말을 듣자 억장이 무너졌다. 눈물이 나서 대중교통을 이용하지 못하고, 걸어서 집으로 왔다. 그렇게 의술로 못 고친다면 하나님이 고치셔야지 하며 주일이 오기만 기다렸다.

주일이 되어 택시를 타고 여의도 순복음교회를 갔다. 그날 예배 중에 치유시간이 아닌 예배를 시작할 무렵 조용기 목사님이 "오늘 귀가 너무 아파서 고생한 사람이 치유를 받겠습니다." 하시며 예배를 시작하셨다. 예배를 마치고 내 귀가 치유를 받았다는 감격적인 이야기를 교인들과 나누고, 그 다음 예배를 드리고 집에 가는 버스를 탔는데 손목에 찬 시계소리가 들리는 것이었다.

버스 안에서 흥분되어서 소리를 지를 뻔했는데 순간 사람들이 미쳤다고 생각할까봐 가까스로 참고 집에 돌아와서 남편에게 예배 중에 내 귀가 고쳐졌다고 말하였으나 곧이곧대로 듣지 않았다.

그러나 나는 한 달 동안 병원에 다녔어도 낫지 않은 이명증이 예배 중에 말끔히 사라지고 귀가 들리게 되니 그 은혜로 인해 하나님이 지으신 아파트 정원에 있는 나무들과 꽃과 풀잎하나도 그렇게 아름답고 신기할 수가 없었고, 기쁨을 주체할 수가 없었다.

살아서 역사하시는 치유의 하나님을 체험하게 되었다. 나를 치유해 주신 하나님을 위해 나는 무엇을 해드릴 수가 있을까? 생각하다가 여의도 순복음 신문 '행복으로의 초대'를 한 아름 가지고와서 아파트 현관에 있는 편지함에 꽂는 작업을 한동안 하였다. 그러던 중에 아파트 단지에서 젊은 나이에 유방암으로 갑자기 죽어가는 사람을 보고 안타까워 한참 동안 여운이 남아 있을 무렵이었다. 내가 귀를 치유 받은 이후로 하나님은 모든 병을 치유 하실 수가 있다는 것을 조금도 의심치 않았그, 병든 자를 보면 안타까워 치유기도를 하게 되었다. 가족부터 기도하기 시작해서 교우와 친구들, 형제들, 직장직원들, 여행 중에 비행기 안에서 호흡장애로 의식이 없는 환자, 항암치료 중인 오빠, 24년간 걷지 못했던 자매까지 치유기도를 해주게 되었다.

이렇게 크고 작은 치유가 수없이 많이 일어나게 되면서 하나님과 함께 하신 간증들을 집필하기 시작하게 되었다. 첫 번째 기록한 책이 '성령과 동행하면 지치지 않는다'이고, 두 번째 기록된 책이 '고난은 나의 밥이다' 이다. 세 번째로 '이겼노라'를 집필하면서 치유하시는 하나님을 증언하게 되었다.

17.
맹장수술 받은 병원에서의 치유사역

"믿음이 없어 하나님의 약속을 의심하지 않고 믿음으로 견고하여져서 하나님께 영광을 돌리며 약속하신 그것을 또한 능히 이루실 줄을 확신하였으니 그러므로 그것이 그에게 의로 여겨졌느니라."(롬 4:20-22)

2015년 어느 날 저녁 이웃에 살던 딸이 손자들을 데리고 놀러와 있을 때 배에 가스가 차는 듯 뻐근하면서 아파지기 시작했다. 이상한 점을 느껴서 침대에 누워서 맹장 부위를 만져보니 너무 아팠다. 급히 구역예배에 간 남편을 불러서 밤 10시쯤 아산병원 응급실로 갔다. 그곳은 밤낮으로 분주한 곳이라서 차례를 기다려 여러 가지 검사를 하다 보니 새벽 2시가 넘었다. 피 검사를 하고 결과를 기다리며 밤을 새웠는데 4시에 결과가 맹장으로 나왔다.

의사가 맹장이라면서 다른 병원으로 가서 수술할 것을 권유하였다. 병원에 중환자들이 많기 때문에 수술을 기다리다가는 맹장이 터질 수도 있다고 했다. 남편도 그렇게 하자고 권유하기에 마음이 내키지는 않았지만 이러다가 맹장이 터지는 일이 생길 수도 있으니 하는 수 없이 아산병원에서 청병원으로 옮겼다.

그곳에서는 이미 전달을 받고, 수술 준비를 하고 있어서 들어가자마자 링거를 꽂고 마취를 하고 수술을 하게 되었다. 7시쯤 병실로 옮겨졌는데 그 방은 6인실이었다. 회복 후 주변을 둘러보는데 내 옆에 중환자가 있었다. 링거 줄이 여러 개 주렁주렁 매달려 있는 것이 중환자임을 알 수가 있었다. 옆에 있는 환자다보니 신경이 자꾸만 쓰이게 되었다. 그 환자의 아들이 계속해서 그에게 찜질도 해주고, 간호를 하면서 등 뒤에서 끌어안고 있는 모습이 캥거루나 원숭이의 모습을 연상케 했다. 그는 진통이 너무 심하여 고통스러워했는데 그 모습이 계속 신경이 쓰였다. 나는 용기를 내서 병명과 자초지종을 물어 볼 수밖에 없었다. 아산병원에서 두 달 밖에 살수 없다면서 사형선고를 했다고 했다. 장기, 위, 자궁, 폐 등 여러 곳에 암이 전이가 되었는데, 2년 전부터 수술과 항암 치료도 여러 차례 받았고, 해 볼만큼 다 해보았지만 상태가 악화 되어 병원에서 두 달 밖에 못산다고 하니 자식이 얼마나 안타까웠으면 엄마를 부둥켜안고 있는 것일까! 긍휼한 마음이 들었다.

그가 무척이나 고통스러워하기에 지켜보고 있는데 먹는 것도 링거 줄로 죽 같은 것을 섭취하고, 거동이 몹시 불편한 몸으로 여러 차례 화장실을 드나들고 있었다.

그 모습을 지켜보다가 아들에게 내가 엄마를 위해서 기도를 해주고, 책을 갖다 줄 테니 그 책을 읽어 줄 수 있겠냐고 물었다. 할 수 있다기에 그 다음날 나는 어제 맹장수술을 한 사람이지만 믿기지 않을 정도로 회복이 빨라 환자복을 벗고 퇴원하려다 들렸다고 하면서 그 환자에게 다가가서 내가 당신을 위해 기도해주려고 하는데 기도를 받겠느냐고 물었다. 받겠다기에 손수건으로 머리를 감싸고 있는 부위에 손을 얹는데 항암치료를 여러 차례 한 탓인지 머리카락이 손바닥에 송골송골 올라오는 것을 느꼈다. 머리에 안수하며 기도하기 시작했다. 기도가 끝나고 아멘을 하라고 했다.

그 환자는 자기네 친정 가족 중에 비구니가 있어 본인은 교회 다닐 생각을 못했는데, 전도하는 사람들은 있었다기에 이번 기회에 하나님이 고쳐주시면 하나님을 영접하라고 일러주었다.

나는 금요일 저녁에 입원해서 토요일 새벽에 시술하고 일요일에 퇴원하고, 월요일에 서울요양원에 와서 찬양봉사를 나왔다고 말했더니 다들 놀라면서 참으로 기이한 일이라고 말하였다. 그리고 퇴원하던 날 중환자를 위해 기도를 해주고 나왔다고 했더니 그 중환자에게 기도해주기 위해 맹장수술을 받을 일이 생겼나 봐요! 라고 몇몇 사람들이 이야기를 했다.

삼일이 지나서 시술한 부위를 소독하려고 병원을 찾았다. 그때 내가 약속했던 책을 몇 권 가지고 병원을 가면서 오늘은 어떻게 그 환자를 만나서 책을 전해주고 기도도 해줄 수가 있을까 생각하면서 남편의 차로 같이 갔다. 남편이 옆에 있어서 신경이 좀 쓰이기에 성령님께 기도를 했다. 어떤 환경을 열어 주실까 기대하면서 차에서 내려서 진료 수속을 밟고 있는데 남편이 안보였다. 옆에서 업무를 보는 사람에게 여쭈어 보았더니 조금 전에 물리치료 받으러 4층으로 올라가셨다고 했다. 얼마나 걸릴까요? 물어보자 40분쯤 걸린다고 했다. 그 정도면 여유롭게 기도하기에 좋은 시간이었다.

퇴원할 때 기도해주었던 환자를 찾아가 약속을 지키러 왔다면서 책 2

권을 아들에게 주려고 하자, 그 중환자분이 "내가 읽으면 되잖아요." 하면서 책을 가슴에 품듯이 끌어안았다. "그럼 더욱 좋지요."라고 웃으며 말해주었다. 그 환자가 책을 읽을 수 있다고는 생각도 못했었다. 잠시 후 머리에 안수기도를 해주고, "이 책을 읽는 동안은 통증이 멈출 거예요."라고 말해주었다. 자신 있게 이런 말을 해줄 수 있는 용기가 나도 모르게 나왔다. 그리고 다음에 이 병원을 올 때 꼭 들리겠다고 당부하고 나왔다. 병원에 근무하는 간호사 중에 기독교인이면서 상냥하고 친절한 분에게도 책을 한 권 드리고, 1층 로비로 내려오니 남편은 물리치료를 받고 있어서 좀 기다리다가 만났다. 성령께서 하신 일에 흥분이 될 정도로 기뻤다. 일주일쯤 지나서 다시 병원을 찾았다. 최종적으로 수술이 잘 되었는지 진료를 받고 다시 그 병실을 찾았을 때, 내 눈을 의심할 정도였다. 그가 아들과 침대에 나란히 앉아 있는 모습이 아주 여유로운 시간을 보내는 사람들 같았다. "그 책은 어찌 되었어요?" 물어보자 "다 읽었다."고 말했다. 깜짝 놀랐다. 1권에 238페이지인 '성령과 동행하면 지치지 않는다'와 222페이지나 되는 '고난은 나의 밥이다' 책 두 권은 책 읽기를 좋아하는 사람이나 건강한 사람이나 읽을 수 있는 분량이기 때문이다. 얼마간의 대화를 나누고 난 뒤 마지막으로 기도를 해주고 돌아왔다. 분주한 생활 속에서도 그 환자가 종종 궁금해져서 기도하게 되었는데, 두 달쯤 지나서 그 병원에 책을 준 간호사에게 그 환자 이름을 대면서 소식을 물어보자 퇴원을 했다고 했다. 그럼 그 환자 전화번호를 좀 알려 달라고 했더니 어렵지 않게 알려주어 통화를 하게 되었다. "어떻게 된 거에요?" 물어보니 "전에는 진통제가 없이는 못 견뎠는데 지금은 그렇게 아프지 않아 진통제를 별로 많이 먹지 않는다."고 말했다. 그때 아산병원에서 두 달 밖에 못 산다고 사형선고를 받았다고 했는데 두 달이 지나 퇴원을 했다는 것은 주님께서 치유하신다는 사실을 입증하는 것이다. 그분 집이 춘천이라서 내가 양육할 수 있는 상황은 아니고, 하나님께서 또 다른 사람을 그분께 붙이셔서 전도 되어 구원에 이를 것을 믿는다.

"**야훼 나의 하나님이여 나를 도우시며 주의 인자하심을 따라 나를 구원하소서 이것이 주의 손이 하신 일인 줄을 그들이 알게 하소서 주 야훼께서 이를 행하셨나이다.**"(시 109:26-27)

18.
여호와는 전능의 치료자

2015년 가을, 직장의료보험공단에서 매년 건강검진을 장려하고 있기 때문에 해마다 건강검진을 한다. 우리 부부도 검진을 하러 갔다가 딸 둘이 바쁘다는 핑계로 병원 가는 것을 미루므로 억지로 검진을 신청해놓고 받으라고 밀어붙였다. 딸은 의사로부터 "다른 큰 병원을 가보라면서 면박을 받았다"며 건강에 그렇게 무관심하냐고 야단을 맞았다고 했다. 그래서 이름 있는 산부인과인 제일병원을 찾아가서 검사를 받게 되었는데 작은딸 자궁에 6센티미터나 되는 혹이 있다며 5센티미터 이상이면 수술을 해야 된다고 하였다. 다행히도 3개월 후에 다시 한 번 검진해보자고 해서 기도하라는 시간을 벌었다는 생각이 들었다. 3개월 동안 가족들을 총 동원해서 기도를 하게 되었다. 3개월이 지나고 예약된 날이 왔는데 날씨가 얼마나 춥던지 덜덜 떨면서 기다렸다. 대기 시간이 길어서 더욱 긴장이 되어 기다리는 동안 계속 기도하게 되었다. 순서가 되어 같이 진료실로 들어갔다. 의사선생님이 지난번에 찍은 사진과 이번에 찍은 사진을 같이 보여주면서 지난번에 있었던 혹이 감쪽같이 없어졌다고 하셨다. 가문에서 나라를 구한 사람이 있나요?

왜요?

기적같이 혹이 없어졌어요!

지난번 초음파 사진을 보니 삶은 계란을 두개 붙여놓은 듯했다. 이런 혹은 없어지게 생긴 혹이 아니라고 말했다. 가족이 열심히 기도했다고 했다고 하니 "그렇군요! 기적입니다!" 의사선생님께서 해준 몇 마디가 나를 감동시켰다.

어찌나 감사한지, 하나님 감사합니다! 하나님 감사합니다!기적을 주셨군요! 하나님이 하신 일이 아니고서 어떻게 이렇게 완벽하게 치료하실 수가 있나요! 정말 감사합니다!

어떻게 감사를 올려드려야 할지 모를 정도로 감사했다.

몇 개월이 지나서 서울요양원에서 봉사하는 날, 처음 보는 사람이 있기에 봉사하기 위해서 왔을 거라고 생각했다. 예배를 마치고 나서 피아노 반주자가 자기 직장 동료인데 기도를 받고 싶어서 왔다면서 그 자매를 소개했다. 무슨 사연인지 잠시 이야기를 듣고 보니 이 사람은 키가 작고, 몸도 외소한데 쓸개즙이 나오는 관에 혹이 5센티미터 있다고 했다. 암인지도 모르기 때문에 검진에 들어갔다면서 기도 요청을 했다.

그렇게 큰 암이 있다면 어떤 증세가 나타났다든지 했을 텐데, 아무런 증세가 없는 것으로 봐서는 암은 아닌 것 같다고 위로하면서 다 같이 중보기도를 하기로 했다. 그리고 우리 딸 얘기를 해주면서 더 큰 혹도 감쪽같이 치료해주셨다고 용기를 주면서 안수하며 간절히 기도해주었다. 그 다음 주에 연락이 왔는데 병원에서 암이 아니라고 했다며 3개월 후에 다시 진단해보자고 했다기에 계속 중보기도를 했다. 3개월 후, 그 사람 역시 혹이 없어졌다며 식사를 대접하겠다고 전화가 왔다. 그리고 중보기도를 같이한 사람들과 차라도 마시라며 봉투를 보내왔다. 하나님의 권능으로 치유기도를 하는 사람은 대가를 받지 않는다. 주님으로부터 거저 받은 능력을 사용하기 때문에 거저 기도하는 것뿐이다. 그가 은혜를 받았기에 뭐라도 보답하고 싶어서 부담이 되었는가라고 생각하였다.

19.
24년간 못 걷던 환자를 위한 기도

필리핀 서샬롬 선교사님의 소개로 24년 전부터 근육이 뭉치는 병에 걸려 걷지 못하는 자매를 위해 전화로만 몇 차례 기도해 오다가 그 다음 해에 선교사님이 한국에 왔다고 연락이 와서 이번에는 내가 먼저 아산에 살고 있는 환자한테 가실 겁니까? 물어보았다.

"왜 이번에 같이 가서 기도해주게요?"

"그래요 같이 갑시다." 전화로 기도를 해주다 보니 만나보고 싶어졌다고 말했다. 그날 성령께서 강력하게 역사하셨기에 그 당시의 기도내용을 다시 한 번 기록해본다. 사모님과 내가 기도를 받을 강 집사를 어깨에 메고 안방으로 들어가서 침대에 간신히 엎드려 놓았다.

머리부터 목덜미, 어깨, 등짝, 척추, 골반, 허벅지, 종아리, 발목, 발끝까지 지압하고, 머리에 손을 얹고 회개시킬 때 오열하면서 통곡하였다. 다시 척추에서 골반까지 지압하고, 전신을 지압하며 성령님이 만져주시도록 의뢰했다. 그 다음 앞을 보게 한 후 가슴에 손을 대고 그 심령에 집중하고, 강하고 담대하게 공중권세들, 악한 영들아!

이 지체에서 분리되어 떠나갈 것을 소리 높여 명령했다.

이 자매의 지체 속에 있는 더러운 모든 바이러스 세균을 성령의 불로 태워 주시고 소멸시켜 주옵소서.

오장육부에도 불필요한 세포 병원균은 소멸되고,

모든 병이 이곳에서 떠나가며,

호흡기나 항문을 통하여 몸 밖으로 배출되고,

장기가 강건하여서 제 기능을 다하게 허락하여 주옵소서.

이곳 심령 속에 있는 공중권세들, 악하고 더러운 영, 교만한 영,

하나님의 능력을 제한하며 묶고 있던 영들아,

네가 지금 이 자매를 묶고 있구나.

악하고 더러운 영들아, 다발성 근육염이라는 병명을 가지고 등짝에 붙어서 이 자매를 24년간 묶고 있음을 내가 알고 있으니.

악하고 더러운 영들아,

예수 그리스도의 이름으로 명하노니

이곳에서 묶음을 풀고 떠나갈지어다.

떠나갈지어다. 떠나가라.

주님의 능력이 이 자매를 빛 가운데로 인도할 것이다.

하나님의 말씀은 운동력이 있고 활력이 있어

좌우 날선 검보다 예리하여

우리의 혼과 영과 관절과 골수를 찔러 쪼개기까지 하시며

우리의 생각을 분별하시나니

지금까지 육신을 묶고, 정신이 혼미하게하며,
깨닫지 못함을 회개할지어다.
이제부터 주님이 능력의 의로운 손으로 너를 안아주리라.
근육 허리부터 엉덩이, 허벅지에 뭉친 근육이 풀리고 혈관이 통하며
신경이 살아나서 자유로워지게 하옵소서.
(척추와 허리 엉덩이에 손을 얹고 마사지하듯이 어루만져주면서)

성령이시여,
나의 손길 위에 예수님의 손을 덧입혀 주셔서,
사랑하는 이 자매를 어루만져주옵소서.
(허벅지도 지압하며 다리 종아리까지 지압하면서)

성령님께서 이 자매의 머리끝부터 발끝까지 임하시옵소서.
(다리를 들고 발목 뒤쪽을 지압하며 발을 위로 올리고 발끝까지 혈이 통하게 하는 작업이다.)

기도를 하는 동안 흐느낌이 점차 진정되어 갈 무렵 상체를 일으키고 말씀을 전했다.

"내 이름을 경외하는 너희에게는 공의로운 해가 떠올라서 치료하는 광선을 비추리니 너희가 나가서 외양간에서 나온 송아지같이 뛰리라"(말 4:2)

침대 끝으로 앉힌 다음 그 자매 두 다리 사이에 내 다리 한쪽을 들여놓고 "하나님!"

"하늘 문을 여시고 천군천사 내려 보내시어 이 자매를 양쪽에서 부축하시옵소서. 일어날지어다!" 하며 일으켜 세웠다.

자매는 체중이 75~80kg 가량 되어보였다. 엉거주춤 서 있는 자매의 시선이 늘 자신이 의지해 오던 의자로 가 있었다. 그 의자를 가리키며 "이것은 아무것도 아니야. 의자들 뿐이야. 아무런 도움을 줄 수가 없어."라고 말하며 의자를 떠밀어 놓았다. 자매에게 내 왼팔을 잡고 걸을 것이라고 하니 발걸음을 내딛기 시작했다.

"성령님, 인도하여 주옵소서. 걸어갈지어다. 걸어갈지어다. 걸어가라. 성령님께서 운행하셨습니다. 아버지, 도와주시옵소서. 성령님께서 인도하셨습니다. 걸어갈지어다. 걸어갈지어다!"

이렇게 선포기도하며 팔을 살짝 끼고 웨딩마치를 할 때 걸어 나오는 모습으로 문을 열고 안방에서 거실 쪽으로 걸어 나올 때였다. 거실 끝 소파에서 기다리던 선교사님과 사모님, 내 남편의 시선과 마주쳤다. 그 순간 목사님께서 "하나님이 일하십니다. 하나님만 의식하세요!"라고 외치시더니 재빨리 핸드폰 카메라로 동영상을 찍기 시작했다. 그렇게 안방에서 거실까지 한참을 걸어 나왔다. 그때 그 자매는 눈이 퉁퉁 부어 발그레하게 생기를 띤 채 감동하며 기뻐했다.

"하나님, 권사님, 감사해요. 권사님은 여장부예요."

그곳에 있던 사람들이 다들 놀라서 흥분을 가라앉히기가 힘들 정도인데 나 자신은 계속해서 성령께서 운행하고 계심을 느꼈다.

선교사님께서 내가 기도할 때 그 방에서 천둥소리가 나는 줄 알았다고 했다. 하나님께서 여리고 성을 무너뜨리듯이 하늘 문이 열리는 기적을 보았다. 참으로 기기한 일을 체험하고 집으로 돌아오는 길에 어찌나 심령이 진정이 안 되는지 한 달 정도 그 일에 사로잡혀서 병든 자에게 손을 얹으면 못 고칠 병이 없겠다 싶었다. 한동안 병으로 고통당하는 자들을 위해 기도원을 설립하고, 전문적으로 기도를 할까 생각도 해봤는데 가족의 반대가 너무 심해서 그 뜻을 이루지 못했다.

강 집사님을 기도하고 돌아와서 100일 정도를 계속 하루도 거르지 않고 기도하게 되었다.

그 후 내 남편은 아산에 사는 그 집사님이 24년 만에 치유되어 지금도 잘 걸어 다니는 것이 궁금하였는지 아산을 자꾸 가보자고 보챘다. 실은 나 자신도 그 집사님이 그날처럼 지금도 계속 걸어 다니는 지가 궁금하여 전화를 해보면 집사님은 상냥한 목소리로 좋아요. 잘 지내고 있다고 하였다. 때마침 집사님에 대한 기도와 치유 내용이 기록된 '고난은 나의 밥이다' 책이 나와서 가져다 줄 겸 우리 남편과 함께 아산을 다시 가게 되었다. 얼마 전에 그 집사님 남편이 교통사고로 크게 다쳤다는 소식을 전화로 들었기에, 이번엔 병원으로 찾아가서 그의 남편에게도 기도를 해주고 와야겠다는 생각을 하면서 내려갔다. 그런데 그 집 문을 열자 기가 막힌 광경이 펼쳐졌다. 집사님 남편이 철망으로 머리에서부터 목까지 사방으로 둘러싸인 모습을 하고 있었다. 집사님 남편은 오늘 동네 친구가 병원으로 면회를 오자 병원의 허락 없이 친구와 함께 집으로 잠깐 외출한 상태라고 했다. 그러므로 한 두 시간 후에 병원으로 돌아가야 한다고 말하면서 하나님을 믿지 않고, 부인을 핍박하던 집사님 남편이 나에게 빨리 기도해달라고 먼저 요청했다. 내가 이곳에 내려올 때 집사님 남편을 기도해주고 싶었던 마음을 하나님이 아시고, 그 일을 예비해주신 것 같았다.

병원으로 집사님 남편을 찾아가지 않고, 집에서 기도해줄 수 있도록 성령님이 이웃사람을 통해 역사하셨다. 처음 만난 집사님의 남편은 얼마나 말도 잘하고, 씩씩하던지 교회를 다니게 되면 선교와 봉사활동을 잘할 수 있을 것같이 느껴졌다. 이제 몇 십 년 동안을 못 걷던 부인도 걷게 되었으니 교회에 등록해서 부부동반으로 선교여행도 다니고, 하나님을 잘 섬기면 참 기쁘고, 그동안의 상처도 회복이 된다고 말했더니 그렇게 하겠다고 하며 서둘러 기도 받기를 재촉했다. 머리에 안수하려고 하는데 철망 때문에 손 댈 곳이 없어 겨우 철망 사이를 비집고 머리, 가슴, 다리까지 안수하며 기도를 마치고 집사님 남편은 서둘러 병원으로 돌아갔다. 이제 강 집사님을 기도해주려고 침대 위에 올라가보라고 하니 혼자서 가볍게 올라간다. 집사님은 어떻게 할까요? 하고 물었다. 지난번에는 두 사람이 간신히 메어다 놓고 둥글리던 몸이었는데, 참으로 하나님이 하신 일이 너무 놀라웠다

이번에는 팬티만 입고 겉옷을 벗어보라고 하자 순종하였다. 집사님은 몸매가 달라진 것뿐만 아니라 피부색까지 달라져 있었다. 지난번에는 옷 위로 만져지는 느낌이 굳은살과 근육의 뭉침이 안수하는 손으로 전달될 때 얼마나 불쌍한지 남편까지도 불쌍한 생각이 들었는데 이런 기적이 일어나다니 감격했다. 집사님을 엎드려 놓고, 전신을 지압해주면서 하나님이 치유하신 일에 극찬을 하며 감사의 기도를 드렸다. 그날은 집사님 딸이 집에 있었다. 집사님은 딸이 2살 때부터 근육이 뭉치는 희귀병으로 24년간을 못 걸었던 사람인데, 이제는 얼굴형도 바뀌고 몸도 균형이 잡혀 있었다.

그 딸에게 내가 질문을 했다.

"그전에 엄마 등 뒤로 어깨 쪽부터 허리 엉덩이까지 굳은살로 뭉쳤던 것 알지?"

"네. 알아요."

"그런데 지금 하나도 없어졌네!"

"네. 그래요. 맞아요." 대답했다. 그 집사님의 지체를 묶고 있던 악한 영이 떠나가고 성령이 그를 새롭게 만지셨다. 할렐루야!

집으로 돌아와서 얼마 후에 그 집사님에게 전화를 해봤더니 남편도 교회에 등록해서 같이 다니고 있다는 소식을 전해주었다. 나는 그 집사님을 기도하고 난 다음 하나님의 하시는 일을 전적으로 더 신뢰하게 되었다. 앞으로 더 많은 영역에서 사명을 감당할 것을 다짐하게 되었다.

"이르시기를 나의 기름 부은 자를 손대지 말며 나의 선지자들을 해하지 말라 하셨도다. 곧 야훼의 말씀이 응할 때까지 그의 말씀이 그를 단련하였도다."(시 105:15,19)

20.
중국에서 하나님이 일하시다

    2017년 하반기에 사업상 중국을 가려고 하는데 말도 안 통하고 처음이라 겁도 나고 해서 가족들과 함께 가게 되었다. 남편, 사위, 딸, 손자, 손녀딸 모든 가족이 여행하듯이 가게 되었다. 그 무렵 싸드 설치 때문에 중국에서 물건을 들고 나는 것이 자유롭지 못한 탓으로 관광객처럼 들어가게 되었다.
    가족들은 호텔에서 머물고, 나와 딸은 현지 바이어를 만나기로 했다.
    바이어는 우리나라 사람으로 오래전에 중국으로 들어가서 의류사업을 한 사람이다. 미리 섭외해서 만나기로 한 바이어는 우리를 광저우 큰 도매시장으로 안내했다. 만난 지 얼마 지나지 않았을 때 그는 의자 모서리에 무릎이 찍혀 얼마나 아픈지 주저앉아 무릎을 움켜쥐고 눈물을 펑펑 흘렸다.
    아픈 무릎을 위해 기도해 주고 싶었지만, 우리나라와는 달리 중국은 사회주의 나라여서 종교 활동이 제재를 받기 때문에 밖에서 함부로 기도할 수가 없다. 중국은 종교 활동이 자유롭지 못한 나라이기에 남편과 가족들이 밖에 나가기 전부터 각별히 주의할 것, 아무데서나 기도하지 마라, 내가 찬양하기를 좋아하니 찬양 하지 말 것, 기독교서적을 가지고 가지 말 것, 믿는 자임을 내색하지 말 것 등 주의를 주었다. 갈 길이 멀고, 더군다나 장사하는 매장이라 다른 사람들도 있고, 어떻게 해야 할지 망설이고 있을 때 성령께서 나를 강하게 인도하셨다. 무릎을 딱 꿇고, 그가 움켜쥐고 있는 손을 강하게 밀치면서 내 손을 그의 무릎에 얹고, 급박한 상황이라서 강하고 담대하게 방언으로 기도하게 되었다. 기도가 끝나자 그가 바로 일어서면서 다리에 손을 얹는 순간 통증이 사라지고 다친 다리가 가볍다면서 다른 쪽도 기도 받기를 원했다.

"이곳에서는 안 됩니다. 다음에 기도 해드리겠습니다."

기도를 받은 후 그는 5시간을 돌아다니는데 아무 이상이 없었다. 그날 그에게서 우리가족에게 저녁식사를 대접하겠다는 연락이 왔다. 광저우 가장 중심지인 화려한 빌딩숲에서 야경을 구경하면서 식사할 수 있는 고급식당으로 초대를 하였다. 처음 먹어보는 음식이었는데 우리나라에서 비슷한 것으로는 샤브샤브를 들 수 있지만 내용들이 전혀 다르다. 그 나라에서 꽤 비싼 식당인 것 같았다. 저녁 식사가 끝나고 호텔로 돌아왔다 그 다음 날은 우리가 한국으로 돌아가는 날인데 바이어가 아침부터 호텔로 찾아와서 호텔비를 계산하는 것을 도와주고, 헤어지려고 할 때 "기도해주고 가셔야지요."하는데 당황스러웠다.

호텔 로비에서 업무를 보는 사람도 몇 있고, 주변에 투숙객은 오가고, 가족들이 다들 지켜보고 있었다. 하지만 기도를 다음에 해주겠다고 약속한 일도 있고, 전날 저녁에 거하게 식사대접을 받았으니 그런 것을 떠나서 치유 사역하는 사람으로 용기를 낼 수밖에 없었다.

그를 뒤쪽에 소파가 놓여있는 곳으로 데리고 가서 앉힌 다음에 머리에 손을 얹고 기도를 시작하자마자 가슴에서 진동이 오면서 울음이 터져 나왔다. 한국을 떠나온 지 13년, 처음에는 말도 안 통하는 타국에서 그와 가족들이 어떻게든 살아 보려고 얼마나 발버둥을 쳤을까? 하는 기도 소리에 그의 마음이 터치를 당하면서 울음이 터져 나온 것이다.

그의 가슴과 등에 손을 얹고, 하나님이 당신을 지금까지 지켜오셨으며 사랑하고 계신다. 눈도 깜박이지 않고 지키신다. 믿는 자에게 이런 표적이 따르리니 너희가 내 이름으로 귀신을 쫓아내며 병든 자에게 손을 얹은 즉 나음을 얻으리라. 배 위에 손을 얹고 오장육부가 지극히 정상으로 온전 하라. 예수 그리스도의 이름으로 명하노니 평안하라고 명령했다. 그의 지체 중 신장에 작은 담석이 있다는 진단을 받은 적이 있다기에 지체 안에 있는 담석은 쪼개지고 분리되어 소변으로 몸 밖으로 나갈지어다. 그곳도 안수하며 예수님의 권능으로 치유될 것을 강하게 선포하였다. 앉은 자세에서 골반을 지압하고, 허벅지와 무릎, 관절, 종아리, 발목, 발끝까지 지압으로 혈이 통하면서 성령이 지배하기를 간절히 요청하며 기도를 마쳤다.

그렇게 기도가 끝났을 때 그의 눈은 눈물범벅이 되고 충혈되어 있었다. 잠시 포옹을 하며 위로를 해주고 떠나려할 때 그는 준비해 온 선물이라며 큰 대추에 호두를 넣어서 만든 고급 다과를 건네주었다.

몇 개월 뒤 중국을 또 가게 되었을 때 바이어가 경치가 좋은 본인의 아파트 집으로 초대를 해서 거기서 머물게 되었다. 그때 마침 한국에서 공부하는 그의 고등학생 아들이 휴일을 보내려고 왔다는데 치질로 고생한다며 약을 부탁해 공항에서 약을 사가지고 갔다. 치질은 내가 여러 차례 기도로 고친 적이 있는지라 기도하기도 편할 것 같았다. 그러나 그 아들이 사춘기이기도 한 고등학생이니 어떤 반응을 보일지 몰라 아들에게 조심스럽게 기도를 받겠느냐고 물었더니 받겠다고 했다. 아들을 자기 방 침대에 엎드리게 한 다음 그 엄마에게 수건을 준비하게 하고, 발치에서 발을 붙잡고 묵상으로 기도를 하도록 했다. 준비된 수건 하나는 머리에 하나는 엉덩이에 얹어놓고, 머리부터 기도하기 시작했다.

지혜롭고 총명하신 하나님의 성령에 덧입혀 지혜로운 영이 운행할 것을 기도하고, 직접 치질과 가까운 엉덩이에 손바닥을 밀착시킨 다음 강하게 성령께 의뢰하며 임재하기를 간구하고, 방언으로 기도하게 되었다. 한참 사춘기 고등학생이 순종하기가 어려운 일인데, 그 아들의 믿음이 바르게 자란 원동력이 된 것 같다. 나중에 알게 되었는데 그 가족은 한국에 있을 때부터 교회를 다녔으며 지금도 그 나라에서 교회를 다니고, 아들도 교회에서 봉사를 하고 있다고 했다.

그날 저녁은 그렇게 그 집에서 지내고, 아침에 일찍 떡국을 준비해서 먹고 나니 7시쯤 되었다. 바이어가 또 기도 받기를 원해서 침대에 눕게 하고는 머리부터 전신을 지압하면서 기도를 하고 나니 온몸에 땀이 났다. 그도 열기를 느꼈다. 성령의 능력을 받기 위해서는 우선 기도하는 사람과 기도를 받는 사람의 혼과 영이 일체가 될 때 기적이 일어나고, 치유가 일어나는 은혜가 임하게 된다.

바이어에게 기도를 해주게 되면서 묘한 인연이 되어 믿음이 가고, 서로가 편한 마음으로 거래를 하게 되었다.

"하나님이 우리를 세우심은 노하심에 이르게 하심이 아니요 오직 우리 주 예수 그리스도로 말미암아 구원을 받게 하심이라."(살전 5:9)

21.
옛 친구에게 치유의 기적이 일어났지만

우리 부부는 45년 전에 결혼을 해서 아들을 낳았다. 6개월 된 아기를 데리고 무작정 서울로 올라왔을 때 남편은 강원도가 고향인 직장 동료 열 명쯤 모아 친목회를 만들었다.

동료들이 우리 집에 친목회를 하러 올 때면 내게 아가씨를 소개시켜 달라는 총각들도 있었다.

몇 년이 지나 우후죽순 하나 둘씩 결혼하기 시작하였다. 그 무렵 한 친구가 봄 야유회 때 결혼할 여자를 데리고 왔는데 "내 여자 친구 예쁘지?"라고 말하며 우쭐댔다. 그 여친은 예쁘기도 하고, 아주 얌전하며 여성스러웠다. 그들은 결혼을 하였고, 우리는 한 달에 한 번씩 돌아가면서 집에서 음식을 장만해 각자 솜씨를 발휘하며 모임을 가졌다. 부부동반으로 아이들까지 모여서 친목회를 하다 보니 우정이 돈독한 모임이 되었다.

하지만 남편들 중에는 젊은 나이에 교통사고로 죽고, 술을 먹고 방황하다 병이 들어 죽는 안타까운 일이 생겼다. 이번엔 예전에 모임에서 결혼할 여자 친구를 소개했었던 동료가 오십이 좀 넘은 나이에 가족력으로 간이 나빠서 병원에 입원했다. 우리 부부는 하나님을 믿었기에 하나님께 간절히 기도해보면 어떨까? 하는 마음으로 병원으로 달려갔으나 집으로 퇴원했다기에 집으로 찾아갔다. 전도를 통해 하나님을 영접했으면 하는 마음으로 그 동료를 위해 간절히 기도했더니 환자는 고맙다고 말했지만 많이 위독해보였다.

내 남편 동료의 부인이기도 하지만 이제 나와 친구처럼 지내는 그 친구에게 하나님을 믿으라고 간절히 권유하며 손을 잡았더니 슬그머니 내 손을 밀어내는 것이었다. 얼마나 허탈하던지 그 일을 잊을 수가 없었다. 이 친구는 모임을 가질 때면 잊지 않고 참석하였고, 해외로 함께 여행을 가기도 했다. 이 친구의 남편이 죽은 후에도 아들 딸 남매를 잘 키우고, 혼자 잘 살고 있는데 친정어머니가 치매를 앓게 되었다. 거기다 엎친 데 덮친 격으로 이 친구에게 갑자기 청천벽력 같은 병마가 찾아온 것이다. 친구 남편이 세상을 떠난 지 15년이 되었을 때 서울대병원에서 암 3기 판정을 받았다는 연락이 왔다. 아침에 출근을 서두르고 있는데 남편이 친구들과 병문안을 간다는데 같이 갔다 오기를 권해서 친구들 두 명을 더 만나서 가게 되었다. 아픈 친구는 현관문을 열어주더니 우리들을 보자마자 울기 시작했다. 우리도 친구를 끌어안아주며 진정을 좀 시키고 이야기를 나누는데 말을 잘 못하고 겨우 의사소통만 할 정도였다.

같이 간 친구들은 내가 나타나면 기도해주러 온줄 알고, 그가 겨우 진정하자 기도해주라고 서둘렀다. 그 친구를 방으로 데리고 들어가서 침대에 눕힌 후 머리에 안수하고, 부흥회를 하듯이 혼혈을 기울여 기도했다.

"하나님을 알지 못함을 회개하고, 모든 염려 걱정근심을 내려놓게 하시고, 하나님께서 불쌍히 여기시고, 긍휼한 마음으로 보시고 일하여 주세요.

아직 이 땅에서 할 일이 남아 있음을 기억하여 주세요.

간절히 기도하며 소망과 사명을 주입시켰다.

친구의 가슴에 손을 얹고, 그간에 아픔과 슬픔, 외로움, 고통을 많이 당하였으니 위로하여 주세요.

몸 전체를 하나님의 손길이 따뜻하게 감싸주세요.

각 기관과 장기가 온전하고 편안하게 세포 조직이 활력을 찾게 해주세요.

위대한 손길에 붙들리게 하시고,

발끝까지 생명의 성령의 법으로 채워주세요.

그 심령에 하나님의 평강이 임하소서.

사랑하는 자여 네 영혼이 잘됨같이 범사에 잘되고 강건하기를 내가 간구하노라. 이 모든 말씀을 예수 그리스도의 이름으로 기도하옵니다."

아멘을 하라고 하자 친구는 아멘으로 화답하였다.

기도를 마치고 나니 친구는 나의 목덜미를 끌어안고 고맙다고 말하며 눈물을 흘렸다. 거기에 온 친구들도 이미 기도를 몇 차례씩 받았던 친구들이라서 조금의 의심도 없이 경래 엄마가 왔으니 그 친구가 살아날 모양이라고 이야기를 했다. 친구의 입에서 웃음이 터져 나왔다. 내가 지금까지 예수님의 능력을 힘입어 기도를 해서 가까운 친구들에게 이런 말을 들었다는 것은 하나님 일을 협력하여 잘했다는 소리로 들려 기분이 좋아지려고 할 때, 순간 내가 한 일로 잘못 전해질까? 내가 한 일이 아니고 예수님께서 성령과 협력하여 하신 일인데, 예수님, 저를 도구로 사용하여 이루어진 이 모든 영광을 예수님께 돌립니다.

그렇게 심방을 마치고 집으로 돌아와서 열흘쯤 지난 후에도 친구에게 전화로 기도를 해주게 되었다. 용기를 주면서 하나님께 할 일이 남았으니 살려달라고 기도하라고 말하며, 강력한 기도를 해주었다. 그 후에도 세 차례 전화로 기도를 하게 되었는데, 어느 날 전화 목소리가 전과 달리 흥분되어 있었다. 내 전화를 받자마자 이내 호탕한 웃음소리를 들려주었다. 친구의 목에 있던 암 덩어리가 거의 없어졌다고 말했다. 밥을 믹서기로 갈아먹다가 이제는 밥을 그냥 먹고 김치도 먹는다고 자랑했다. 그 순간 나도 하나님이 이미 치유하고 계시다는 생각에 흥분이 되었고, 감격하였다. 우리는 매일 가정예배를 드릴 때 그 친구의 이름을 넣어 기도하게 되었다. 병원에 가는 날이 돌아온다기에 기대하며 기다렸다. 그 후 연락이 왔는데 서울대병원에서 항암치료 6차례와 방사선 30회를 하라고 했다기에 어떻게 진료를 했는지 물어보니 초반에 CT 촬영한 것으로 진료를 보았다고 했다. 본인이 의사에게 여기 있던 암 덩어리가 다 없어졌다고 말했더니 의사도 손으로 확인하였다고 말했다.

그러므로 혹시 모르니 암 조직검사를 다시 해보자고 의사에게 요청해보라고 친구에게 권면했는데 그렇게 하지 못했다고 한다.

이 친구는 의사가 전에 진료한 자료를 가지고 항암치료와 방사선치료를 강행하는 것을 따라갈 수밖에 없었던 것이다. 기도를 통해서 하나님의 치료를 경험하게 하신 것에 대하여 믿음을 가져야 되는데, 이 친구는 하나님보다 의사의 진료를 더 신뢰하고 있다는 것이 더 안타까웠다.

그 후에 항암치료를 받고서 병이 낫기는커녕 더 악화되어 목은 까맣게 타버렸고 말을 못하는 상태라는 말을 전해 들었을 때는 너무 맘이 아팠다.

그 친구와 통화를 하려고 했지만 못하고 있는 것이 너무 안타까울 뿐이다.

22.
하나님이 하시는 놀라운 비밀

교회학교에서 수십 년 동안 남편과 봉사를 하던 믿음이 신실한 집사님이 있었다.

그 집사님은 같은 교구이며, 또 자녀들은 주의 종으로 딸과 사위는 선교사로 외국으로 나갔다 들어와서 지금은 국내에서 사역하고 있다.

지금 사모가 된 우리 막내딸과는 친구사이라 여러 정황으로 각별하게 지내는 터인데 그 집사님 남편은 몸이 안 좋아서 병원에 자주 가셨다. 교회에서 실업인소속이라서 사업장 방문을 한 적이 있었다. 우리 팀이 방문하고, 보름쯤 지나서 집사님 남편의 병세가 다시 악화되어 병원에 입원을 하셨다. 병원에서 밤에 화장실을 가다가 그대로 쓰러져서 머리까지 다쳤다.

밤중이다 보니 의사가 빨리 손을 쓰지 못했고 몇 시간이 지체되었다.

집사님 남편은 넘어지면서 머리를 감싸고 있는 부위가 함몰되어 수술을 받게 되었다. 우리 부부가 처음으로 중환자실 면회를 다녀왔다. 그 후 다녀오는 사람들에게 근황을 전해 듣게 되었고, 면회시간이 퇴근시간과 맞아떨어지지 않아서 가봐야지 생각 하면서 가보질 못했다.

집사님 남편이 중환자실에서 100일 가까이 머무는 동안 교회에서 여러 차례 심방을 갔고, 교구장님은 이틀마다 가서 중환자실 면회시간을 이용해서 기도를 했다고 한다.

나는 어느 날 작정을 하고, 면회시간 전에 가서 식사를 하고 대기하고 있다가 면회를 하러 들어갔다. 여전히 중환자실에서는 감염 여부를 중요시하기 때문에 손 소독은 물론이고 겉옷까지 덧입고 들어갔다.

내 남편과 나는 환자 주변에 둘러서서 기도를 했다. 머리가 붕대로 감겨져 있는데 얼굴이 많이 부어 있었다. 그곳에 손을 얹고 기도하고 싶은 생각도 들었지만 용기를 내지 못했다.

집사님 부부는 유난히 사이가 좋았다. 집사님은 누워있는 자기 남편에게 이야기를 해주는 듯 말을 했다. 청각은 들을 수 있다고 생각하여 면회시간마다 들어가서 남편에게 계속해서 말을 거는 것이었다. 그런 집사님을 두고 집으로 돌아오는 발걸음이 무거웠다.

간병하는 가족은 환자가 중환자실에 있으니 병실처럼 보조침대가 없어 휴게실에서 대기 상태로 한 달도 아닌 100일 가까이 그렇게 지내고 있었다. 배웅을 하면서 우리가 올 때를 기다렸다는 집사님 말에 못내 미안했다.

집사님은 "바쁜 사람이니 전화로 기도해줘도 돼. 면회시간에 언제라도 들어가서 전화할게"하고, 헤어졌다. 다음 날 오전 10시에 면회시간에 전화를 걸었다. 집사님은 스피커폰으로 켜 놓았으니 기도해달라고 했다.

나는 핸드폰을 귀에 대고 기도에 몰입되어 온 힘을 다해 기도하기도 했다.

"중환자, 그것도 의식이 없는 환자를 하늘의 보좌를 움직여서 하늘 문이 열리어 기적을 보게 하소서."하며 간절히 기도를 하였다. 그런데 기도해드린 그날 돌아가셨다. 난감하고 어찌할 바를 몰라 병원으로 달려갔다.

병원에 도착하니 벌써 빈소가 차려져 있었다. 그곳으로 가까이 가니 통곡소리가 들렸다. 집사님을 보자마자 안아주려고 하는데 거부하는 것이 느껴졌다. 다른 사람들한테는 매달려 울면서 내가 맞은편에 앉아 있으면 심지어는 돌아서 앉고, 얼마나 몸부림을 치면서 울던지 난감해서 그곳에 있기가 민망해 있을 수가 없었다.

다음날 입관예식을 하는 날이라 하는 수 없이 장례식장에 또 가게 되었다.

예식이 드려지기를 기다리는 동안인데 그 여 집사님은 나와의 시선을 외면하는 것이 괴로웠다. 시선을 어디다 두어야 좋을지 알 수 없을 만큼 힘겨웠다. 그래도 그 자리에 있을 수밖에 없는 상황이라 답답하기만 했다.

그날 입관예배를 드리기 위해 30명 정도가 교회에서 왔다.

가족들이 보는 가운데 시신을 깨끗이 닦고, 옷을 입히는 과정에서 머리쪽 붕대를 풀 때 뇌가 많이 함몰된 것을 가족 중 누군가 보았을 거라는 생각이 드니 마음이 아팠다. 예식을 마친 후 각자 집으로 돌아갔다.

장례식장에서 집사님은 대성통곡을 하다 실신을 했다는 이야기를 전해 들었다. 나는 여전히 마음이 무거워 우리가 교회가 아닌 다른 교회 목사님과 전도사님께 사정 이야기를 했더니 잘한 거라며 그들이 감사할 일이라며 위로를 해주셨다.

 그래, 어쩌면 그 집사님이 면회시간마다 와서 평상시처럼 "여보 나왔어" 하며 일상이야기를 들려주니 집사님 남편은 그런 부인을 놓고 저 세상으로 갈 수가 없어서 그렇게 삶의 끈을 꼭 붙잡고 있었는지 모른다. 그러다 하늘 문이 열려 천국을 보게 되었을 것이다. 그리고는 세상 것에 미련을 버리고 천국으로 갔을 것으로 생각이 든다.

 우리 인생은 어차피 앞서거니 뒤서거니 세상 것을 다 내려놓고 떠날 시기가 온 다는 것을 인지하고 살 필요가 있다. 하지만 내 마음은 그 집사님의 외면으로 인하여 아무리 다른 사람의 위로를 받아도 개운치가 않았다.

 일주일쯤 지나 금요일 철야를 갔는데 그 집사님한테서 전화가 왔다. 장례를 치르느라 정신이 없었고 늦게 연락해서 죄송하다며 그동안 기도해줘서 고마웠다는 인사말이었다. 나는 전화해줘서 그맙다고 화답하였더니 내 마음이 편해졌다.

23. 오빠의 치유 덕분에 암 환자들에게 용기를 주다

세상이 점점 전도하기가 어려워져 가는 것을 실감한다. 국립의료원에 다닌 지 7년. 그곳을 내 집 드나들 듯이 편한 마음으로 항상 양말과 책을 선물로 준비하여 매달 3째 주 목요일에 갔는데 지난달부터 병원 측에서 병원 관계자나 입원환자들에게만 출입문 카드를 나눠주고, 그걸로 체크를 해야 문이 열리도록 설치해 놨다. 카드가 없기에 출입이 쉽지 않아 신경이 쓰였다. 나는 이제까지 전도를 하면서 힘들다는 생각을 한 번도 해 본적이 없었는데 요즘엔 힘들다는 생각이 들 때가 종종 있다.

내가 이 일을 시작한 동기가 있다. 8년 전에 우리 오빠의 몸 여러 곳에 암이 발병하면서 아산병원에서 수술을 받게 되었다.

그 후 오빠는 항암치료도 받지 않고, 치료를 거부해서 가족들이 걱정을 많이 했다. 그저 흔들리지 않고 강한 집념으로 밀고 나가서 기도를 더욱 열심히 할 수밖에 없었다.

내가 사는 곳과 오빠가 계신 곳과는 거리가 멀어서 자주 만날 수가 없어서 생각해낸 것이 전화를 걸어서 기도해주는 것이었다.

머리부터 발끝까지 기도해 내려가면서 예수그리스도의 이름으로 명하노니 오장육부에 불필요한 것은 분리되고, 분해되어 항문을 통하여 나갈지어다. 라고 강하고 담대하게 외쳤다.

명절이 되어 궁금해서 오빠께 전화를 걸었더니 병원에 다시 입원했다며 올케가 탄식을 했다. 오빠 항문에서 말로 표현할 수 없는 썩은 냄새가 나는 엄청난 분비물이 나와 거실 카펫까지 다 적실만큼 쏟고도 계속 나와서 병원에 입원했다고 했다. 올케는 내가 전화 건 날이 언제지 물어 보는 게 내가 그 기도를 한 것을 짐작하고 물어보는 것 같아 전날이라고 대답하지 못하고 우물거렸다.

수술할 때도 담대하던 사람들이었는데 지금 상황이 너무 낙담하며 천지가 무너지듯 어떻게 이럴 수가 있느냐? 해도 너무하다고 탄식을 했다.

나는 밤낮 가리지 않고 기도하며, 자주 만날 수 없으니 진료 차 병원에 가게되면 오빠 병실로 찾아가서 병원진료가 끝날 때까지 같이 있다가 막간을 이용해 병원 내에서 전도를 했다.

하루 종일 여러 가지 검사를 하다 보니 저녁 때가 되었다. 면회시간이 거의 끝날 시간이 다 되어 갔다. 오빠를 위해 어디서 기도를 시원하게 하고 보내드려야 할 텐데.. 병원에 사람들이 많다 보니 한적한 곳을 찾지 못했다.

갑자기 몸이 달아오르고 혈압이 오르는 것이 느껴졌다. 집에 돌아가려니 마음이 편치 않았다. 장소를 찾지 못하고 지하 주차장까지 갔다.

제3부 치유사역 103

거기서 오빠를 차에 태운 다음 차 문을 열어놓고 안수기도를 해드렸다.

완전히 부흥회를 하는 듯 내 목소리가 지하 주차장에 울려 퍼졌다. 강하고 담대하게 선포하는 기도를 하고 오빠를 보내드리니 속이 시원하고 후련했다.

그렇게 어려운 고비를 넘기고, 올케가 뒷수발을 열심히 하며 고생을 많이 했다. 감사하게도 고생한 보람이 있었다. 오빠가 암 판정을 받고 5년째 되던 해, 신체에 암세포가 하나도 없다는 판정을 받았다. 그 후 건강이 회복되고, 현재 9년 차인데 건강하게 살고 계신다.

이 일로 인해 병원에서 암으로 수술을 할 환자들에게 좀 더 희망을 주고자 병원전도를 시작한지 벌써 7년이다. 나의 사명으로 받아들여 한 번도 거르는 일 없이 하게 되었다.

때로는 일에 지쳐 있다가도 전도하러 병원에만 가면 다른 사람으로 보인다고 같이 전도하는 전도사님이 이야기 한 적도 있다.

이번에 전도를 나가서 일어난 일인데 8층에서부터 6층까지 다 돌고, 마지막 입원실로 들어갔다. 그런데 갑자기 침대에 누워 있던 환자분이 손을 번쩍 쳐드는데 나도 모르게 그분의 손을 잡아 일으켰다.

그분은 예수님이 보내주셨다면서 얼마나 기다렸다고요. 라고 말하며 나를 반겨주었다. 두 달 전쯤에 기도해드린 분인데 유일하게 내 책 두 권을 다 읽었다고 했다. 그 병원에서 환자를 두 번 이상 만나기가 쉽지는 않은데 유일하게 두 번 이상 만나게 된 분이다. 나를 예수님을 보듯 반갑게 대하니 감사하여 성의를 다해 기도 해주게 되었다.

그는 지난번에 깜빡하고 못 드려 다시 만나면 드리려고 준비한 것이 있다며 5만원을 꺼내즈면서 꼭 양말 사는데 써주라며 간절히 요청했다.

　그분의 성의를 받아들이기로 하고, 헌금을 드리는 손길을 위해 간절히 기도 해주면서 그날의 전도를 마치게 되었다.

24.
남편의 폭력을 기도로 이겨낸 여 목사

"내가 기뻐하는 금식은 흉악의 결박을 풀어주며 멍에의 줄을 끌러 주며 압제당하는 자를 자유하게 하며 모든 멍에를 꺾는 것이 아니겠는가(사 58:6)"

CTS 방송이 나간 지 며칠 안 되어서 방송국을 통해서 연락처를 알았다며 대한 예수교 장로회 목사안수를 받고, 청주에서 사역하시는 견우주 목사님으로부터 전화가 왔다. 자초지종을 듣고 보니 나와 비슷한 점이 많아 상담도 하고, 전화로 기도 받기를 원해서 기도를 해드렸다. 그렇게 몇 차례 전화통화를 하게 되면서 내가 기적을 이루게 된 오산리 기도 동산을 소개하면서 그곳으로 가서 금식하며 기도하라고 권면하자 그분이 순종하여 하나님께로부터 긍휼을 베푸신 기도응답을 받아내었다고 하였다. 그래서 견우주 목사님의 직접간증을 기록하게 되었다.

'이겼노라' 책에 제 간증을 올리게 해주신 하나님께 감사와 영광을 돌립니다. CTS '내가 매일 기쁘게'를 통해 이복자 권사님의 간증으로 은혜를 받고 권사님과 몇 번 통화를 하다가 권사님의 권면으로 감동을 받고, 저도 큰 용기와 힘을 얻어서 오산리 기도원에 처음으로 올라갔습니다. 그때 성령 하나님께서 금식할 수 있는 힘을 주셔서 물 한 방울을 안 마시고, 3일 단식을 하니 입안에 백태가 꽉 찼었습니다. 그러나 주님이 함께 하셔서 잘 마쳤습니다.

나는 남편에게 말했습니다.

"예수 잘 믿고 행복하게 살다가 천국갈래? 아니면 지옥 갈래?

두 가지 중에 한 가지만 선택해라."

"내 가슴도 너무 답답하고, 위장도 고장이 나서 너무 이상하다. 사람이고 짐승이고 스트레스를 받으면 다 죽는다."고 남편에게 하소연 하였습니다.

오늘 당장 오산리 기도원에 같이 올라가면 하나님은 당신이 순종하는 것을 보시고, 술을 끊게 하 주실 것 아니냐!고 남편에게 말했더니 나와 같이 오산리 기도원으로 가겠다고 했습니다.

기도원에 갈 때마다 남편은 왜 내 허락도 없이 나를 기도원에 데려가느냐며 나는 거기 가면 죽는다고 반항을 합니다. 안 갈려고 하면 다시 정신병원 갈래? 기도원 갈래? 하면 마지못해 따라나섭니다. 3일 금식기도 하면서 그 신경안정제와 약물 중독에서 해방되었고, 하나님께서 "담대하게 신경안정제를 쓰레기통에 모두 다 버리라"고 말씀하셨습니다.

금단 증세가 너무 심해서 금식하지 않고, 하나님이 안 도와주시면 신경안정제는 사람 힘으로는 끊을 수 없는 마귀약입니다.

2019년 5월 14일 하나님은 남편에게 은혜를 베푸셔서 기적적으로 술, 담배, 음란의 TV 중독으로부터 완전히 해방시켜주셨습니다. 이제 주님의 은혜로 평안해졌습니다. 더러운 귀신들이 남편 몸에서 나갔습니다.

결혼 36년 만에 드디어 새벽마다 눈물로 통곡하며 부르짖는 나의 기도를 응답하여 주셨습니다.

TV를 일체 보지 말고, 뉴스도 보지 마라. 영혼이 썩는다. 오히려 스트레스 받는다. 우리 예수 믿는 사람은 하나님 나라만 궁금해야 된다.(누가 이런 말을 했는지?)

이젠 남편은 새벽기도에 안 빠지고 잘 나갑니다.

우리 남편은 결혼하기 전부터 있었던 알코올 중독과 흉악한 군대귀신에 들려서 365일 술독에 빠져 나를 마구 폭행하고, 언어폭력과 성폭행과 더럽고 악한 죄는 다 짓고 억울한 말과 누명은 나에게 다 뒤집어 씌웠습니다.

술 귀신, 담배 귀신이 붙어서 술 안 먹었을 때도 나를 심하게 괴롭혔습니다.

우리는 아들이 세 살 되었을 때 이혼하였습니다. 이혼 후에 밤마다 교회에 나가서 철야기도를 하는데 갑자기 하나님이 내 목을 확 비틀더니 네 남편을 외롭게 하지 말라. 빨리 재결합 안 하면 네 목을 확 비틀어 죽이겠다고 하시는데 너무 무서워서 부랴부랴 재결합을 했더니 바로 예쁜 딸을 주셨습니다.

하나님은 네 딸을 보면서 남편이 행패부리는 것을 다 참고 살라고 말씀하셨습니다.

남편은 재결합한 이후에도 너무 술을 많이 먹고, 위 염증이 심해서 피를 토하였습니다. 의사가 당신 더 이상 술 먹으면 죽는다고 말해도 계속적으로 온갖 죄는 다 짓고, 칼을 들고 설쳐대서 할 수 없이 정신병원에 열다섯 번을 입원했습니다.

이제 나도 오기가 생겨 하나님이 남편을 인간으로 안 만들어 주시면 정신 병원에서 다시는 퇴원을 안 시키고, 그 안에서 죽든지 말든지 내버려 둘 맘이 생겼습니다. 그리고 아들을 초등학교에 입학시켜야 되기 때문에 정신병원에 3개월 동안 한 번도 면회를 안 갔습니다.

어느 날 나는 더복자 권사님의 권유로 오산리 기도원에 올라가서 3일 금식하며 3일 쉬고, 마지막에 3일 금식하는데 주님이 직접 나에게 말씀하셨습니다.

"나는 너의 죄를 용서해 주려고 죽었는데 너는 네 남편의 죄를 용서하지 못하느냐?" 하시며 나를 회개시키셨습니다.

나의 남편을 퇴원시키라고 하나님이 말씀하셔서 1년 3개월 만에 퇴원을 시켰습니다. 그런데 정신병원 약물 중독이 너무 심해서 눈 초점이 없었고, 공황장애가 너무 심해 밤낮으로 정신이 나갔다 들었다하고 안절부절 하며 알코올 중독은 약물 중독에 비하면 아무것도 아니었습니다.

신경안정제는 정상인이 먹으면 정신병자가 되어 버리고, 사람을 무기력하게 만들고, 폐인을 만들며 정상적인 생활을 못하게 만든다고 합니다. 아주 심각할 땐 자살충동까지 생겨 자살하게 되고, 지옥가게 하는 무서운 것임을 알게 되었습니다. 이후에는 아무리 술 먹고, 난동을 피워도 정신병원에 입원을 안 시킨 지 30년이 다 되어 갑니다. 정신병원에서 퇴원 후 하나님이 기도을 예비하시고, 하루 두 번 오후 2시, 저녁 8시 기도 동역

자들을 많이 붙여주셨습니다.

　술 먹으면 술에 미쳐 나를 마구 두들겨 때리고 돈 없으면 술 마시려고 장례식장에 가고, 나중에는 밤새도록 돌아다니다가 집에 들어오곤 하였습니다.

　신혼여행 갔다 오는 그날부터 신혼 재미도 전혀 모르겠고, 그때부터 혼란이 시작되었습니다. 남편은 교회에 칼을 들고 와 나를 죽인다고 하질 않나, 돈 다가지고 나가 창녀와 과부들과 바람을 피우며 허랑방탕하게 살았습니다. 지금까지도 자기가 지은 그 수많은 악랄하고 흉악한 죄를 모릅니다.

　제가 한없이 서러워서 많이 우니까 성령께서 "사랑하는 딸아 너의 상급이 크고, 너의 면류관이 준비 되어있느니라. 사랑하는 딸아 인내하라"는 음성을 주셨습니다.

　너무 극한 환난으로 인해 고통이 심해 "이것은 부부가 아닙니다. 부부가 이렇게 살수 없습니다. 남편이 아니고 악마입니다. 도대체 저 사람이 내 남편 맞습니까?" 하고 하나님께 물으면 "세상에 어느 여자도 감당할 수 없어서 너는 믿음이 좋아서 너에게 맡겼다."라고 말씀하셨습니다.

　하필이면 왜 나 같이 연약한 여자에게 맡기셨는지 모르지만 천국가면 완전히 알겠죠! 왜 내가 가장 이 세상에서 싫어하는 남자와 결혼했는지.. 술 마시고, 담배피우고, 음행이 가득차고, 성폭행, 언어폭행으로 내 속을 뒤집어 놓고도 성관계를 하려고 내게 달려드는 군대귀신 남자와 결혼했는지 도대체 이유를 모르겠지만.

　나는 나의 남편을 만나 온갖 병이 다 걸려 스트레스 받아 고통으로 날마다 신음하고, 친정아버지, 엄마는 사위 잘못 만나 딸이 고생하는 것을 보시면서 골병들어 일찍 돌아가셨습니다.

어느 날부터 남편이 술을 마시고 새벽 2시에 친정으로 전화해서 딸도 더럽게 내질렀다며 자주 전화를 하니 친정오빠가 제게 너가 부산을 떠나든지 내가 부산을 떠나든지 하자고 하셔서 모든 것을 접어두고 청주로 오게 되었습니다.

처녀 때 가족 구원을 위해 열흘 금식기도를 하여 사랑하는 아버지, 어머니, 언니, 오빠 올케도 전도하였습니다.

그런데 남편 잘 못 만나 내가 가장 사랑하는 아버지, 엄마 가슴에 못을 박고, 청주로 무조정 이사와 내 사랑하는 아들, 딸을 위해 벙어리처럼 살지 않으면 우리 가정이 제대로 살지 못하기 때문에 무조건 기가 죽어 살면서 새벽기도에서 눈물을 흘리니 자주 운다고 구역식구까지 뜯시하였습니다. 집에서는 남편이 톹박하고 멸시하고, 사방에서 우겨쌈을 당하며 나의 대적자들이 많으니 돔은 허약해도 금식기도를 자주 할 수밖에 없었습니다.

어떻게 하면 나의 가정과 나의 자녀를 지킬 수 있을까? 매일 여리고 성을 돌았고, 기도 외에도 슬길을 찾아 헤매고 방황했습니다. 남편을 죽이고 싶도록 미운데 새벽에 기도를 하면 너의 남편을 용서하고 불쌍히 여기고 사랑하라고 성령님이 또 용서하는 마음을 주셔서 지금까지 인내하였습니다.

41년 동안 지금까지 새벽기도를 통하여 수많은 고난과 연단과 환난에서 벗어났고, 오늘날 큰 영광을 주셔 아들은 작년에 결혼했고, 딸은 법원

공무원에 합격하였습니다. 이겼노라 책 제목처럼 오직 하나님의 그 크신 은혜로 잘 이겨 냈습니다.

할렐루야! 사랑하는 나의 남편 운명을 바꾸어 주시고, 술, 담배, 음란의 TV 중독에서 구원해주신 하나님께 무한 감사와 영광을 돌립니다.

"내가 진실로진실로 너희에게 이르노니 한 알에 밀이 땅에 떨어져 죽지 아니하면 한 알 그대로 있고 죽으면 많은 열매를 맺느니라"(요 12:24)

"또내가 기뻐하는 금식은 흉악의 결박을 풀어 주며 멍에의 줄을 끌러주며 압제 당하는 자를 자유하게하며 모든 멍에를 꺾는 것이 아니겠느냐 또 주린 자에게 네 양식을 나누어 주며 유리하는 빈민을 집에 덜이며 헐벗은 자를 보면 입히며 또 네 골육을 피하여 스스로 숨지 아니하는 것이 아니겠느냐 그리하면 네 빛이 새벽 같이 비칠 것이며 네 치유가 급속할 것이며 네 공의가 네 앞에 행하고 여호와의 영광이 네 뒤에 호위하리니 네가 부를 때에는 나 여호와가 응답하겠고 네가 부르짖을 때에는 내가 여기 있다 하리라. 만일 네가 너희 중에서 멍에와 손가락질과 허망한 말을 제하여 버리고 주린 자에게 네 심정이 동하며 괴로워하는 자의 심정을 만족하게 하면 네 빛이 흑암 중에서 떠올라 네 어둠이 낮과 같이 될 것이며 여호와가 너를 항상 인도하여 메마른 곳에서도 네 영혼을 만족하게 하며 네뼈를 견고하게 하리니 너는 물댄 동산 같겠고 물이 끊어지지 아니하는 샘 같을 것이라"(사 58:6-11)

25.
발톱무좀을 치유 받은 천 권사

    베트남 선교여행을 떠나기 전에 무용실에서 천 권사님이 발톱무좀 이야기를 한 적이 있었다. 엄지발톱 안에 무좀이 생겼는데 병원에서 약을 1년을 먹어야 한다며 무좀이 독해서 그것을 먹고 속이 쓰렸다고 한 기억이 났다. 무슨 약을 1년을 먹어야 하냐? 기도해서 고치는 게 낫겠다는 생각이 들었다. 그래도 베트남 선교여행 가방을 챙기면서 그 기억이 떠올라 오래 전에 쓰던 무좀약이 있어서 가방에 챙겼다.

    선교여행 중 호텔에 있을 때였다. 오늘 저녁 무좀을 놓고 기도하자고 했더니 바로 발을 내밀었다. 무좀약을 두서너 번 뿌린 다음 발을 감싸고, 무좀의 악한 영에게 단호하게 떠나가라고 명령하며 성령님께 치유를 간절히 부탁하는 기도를 올렸다.

    그도 집에 돌아와서 먹다 남은 약 보따리를 믿음으로 쓰레기통에 버렸다고 했다. 이것이 바로 믿음이다.

    까마득히 잊고 있다가 두 달쯤 지나 생각이 나서 어찌 되었는지 물었더니 바로 그때 나왔다고 하였다. 그렇게 치유가 되었으면 바로 이야기 해주기를 바라는 마음이 있었다. 그러나 나는 그 권사가 1년 동안 그 쓴 약을 먹으며 고생할 것을 단번에 고쳐주시고, 새 발톱으로 회복시켜주신 하나님께 감사와 영광을 드렸다.

제 4 부
고부갈등과 영적전쟁

26.
평생의 고부갈등을 해결하다

　우리나라는 예로부터 전해 내려오는 고부간의 갈등이 심한 나라이다. 그것은 옛날뿐 아니라 오늘날에도 현저히 일어나고 있어 지금까지도 많은 사람들이 갈등을 겪고, 지옥과도 같은 고통스러운 경험을 하며 애통하는 자들이 수 없이 많다. 필자도 장손의 며느리로서 평생을 고부갈등으로 인하여 삶이 엉망이 되었고, 자녀 양육에도 나쁜 영향을 많이 끼쳤다. 지난 세월을 떠올리고 싶지 않을 만큼 아픔이 크다. 하나님을 의지하지 않고는 하루를 살 수도 견딜 수도 없었던 아픈 사연들이 많다. 심지어 남편과 별거하면 해결이 될까? 그러면 주정뱅이 아버지이지만 애들은 아버지 없이 사는 것이 아닌가? 아이들이 가족들과의 싸움 속에서 살아야 되는 것을 생각하니 마음이 너무 아팠다. 한참 민감할 대로 민감해진 사춘기 아이들은 아버지하고 따로 살기를 바랄 때도 있었다. 내가 남편을 버리고 누군가 코살피지 않으면 어떤 삶을 살까? 걱정이 앞섰다. 그래서 헤어지지도 못하고 같이 살다보니 지독한 고부갈등을 이겨내기 위해 평생을 기도에 몰입하게 되었다.

　4년 전쯤 2016년 추운 겨울, 그 당시 가장 추웠던 날에 시어머니는 내게 오만 욕을 다해 놓고, 강원도 고향집으로 내려가셨기 때문에 우리 부부는 잠 못 이루는 날들이 지속 되었다. 본인은 거친 욕을 퍼부을 대로 퍼부어서 속이 시원해서 잘 계실지는 모르겠지만 우리 부부는 그 집에 모든 물이 얼어붙어 어떻게 지내실까? 걱정스럽기가 그지없었다. 얼어붙은 수돗물로 얼음을 녹여가며 밥을 지어 드실 수 있을까? 별별 생각들이 꼬리를 물고 올라와서 잠 못 자기 일쑤였다. 그곳은 시어머니가 고령이시므로 혼자 살기가 아주 불편한 집이다. 옛날의 둥지를 그리워하고 있는지는 몰라도 그곳으로 자식들을 끌어 들이면서 버티고 계셨다. 그러나 겨우 두 달도 채 안돼서 시어머니는 막내 시동생이 있는 곳으로 가 계셨다. 남편과 내가 동정을 살피러 동생네 집으로 갔더니 시어머니는 보따리를 싸가지고 우리를 좇아 나오셨다. 그렇게 집으로 돌아오신 시어머니를 위해 가족, 형제, 자녀, 손자들을 30명쯤 초청하여 큰 식당에서 생신잔치를 성대하게 치렀다.

　우리 집을 나가서서 다른 자식들을 불러 놓고, 이를 갈며 나를 두고 두 달 동안 욕을 한 시어머니를 위해 50만원이나 들여서 잔치를 베풀 사람이 얼마나 될까! 그런데 나는 그 일을 왜 하였을까? 내안에 성령님이 계시니 인간의 사고방식으로 행동할 수 없었다. 오직 주님의 사랑과 용서와 이해심이 아니었더라면 도저히 화목하게 잔치를 할 수 없었을 것이라고 생각된다.

　어머니는 속에서 울화중이 올라오면 나에게 입에서 나오는 대로 욕을 퍼붓고, 사탄의 도구가 되어 집안을 엉망진창 쑥대밭으로 만들어 놓고,

강원도로 내려갔다가 일주일이 지나면 또 제자리에 돌아와 있기를 수 백 번 반복하며 살아오셨다.

그때마다 나는 기도하지 않고는 살 수가 없었다. 더러 심할 땐 몸싸움을 하듯이 힘으로 제압해서 기도를 해드리고 나면 잠잠해져서 언제 그랬느냐 할 정도로 정말 그 속에서 사탄이 빠져나간 것 같았다. 기도하고 나면 화가 났을 때의 모습과는 정말 다르게 변한다. 얼굴도 펴지고, 혈색도 좋아지면서 그 입에서 나오는 말도 부드러워진다. "미안하다. 좋은 관계일 때 따로 살았어야 했는데,"하며 다소곳 하신다. 그리고 얼마 안 가서 또 욕을 하시고 주먹을 휘두르시면 힘으로 제압해 놓고 "주여 주여" 하며 등을 서너 번 가볍게 두드리며 기도를 해드린다. 그러면 시어머니는 다른 자식들을 불러놓고 내가 때렸다고 욕을 해대며 얼마나 속을 썩이시는지 모른다. 그런데 시동생들이 결혼하기 전까지 나와 같이 살았고 어머니의 성격을 알고 있기 때문인지, 내게 잘못한다고 크게 따지고 대드는 사람이 없었던 것은 고마운 일이었다. 그러나 어머니는 내가 수없이 기도하다 때렸다고 반복해서 말을 하시니 시동생들이 조금씩 나를 의심하고 있는 듯이 느껴졌다.

우리 시어머니의 성격은 보통 대단한 분이 아니므로 함부로 말대꾸도 할 수도 없었다. 내가 40년 넘게 모든 시집살이를 감당하고, 고통 중에 기도하며 견디면서 모셔왔는데 노년기를 이렇게 마무리하는 것인가? 하는 생각에 탄식하며 기도하였다.

그런 환난과 구박 속에서 하나님의 은혜로 가정이 회복 되어서 주일이면 교회를 같이 모시고 다니게 되었다. 2017년 11월 29일 주일, 내 아들

부부가 할머니를 모시고 교회에 갔다가 식사대접과 드라이브도 시켜드리고 집에다 모셔 드렸다.

그런데 그날 저녁 밤 12시쯤 밖에 거실 쪽에서 남편의 이름을 부르는 소리가 나서 나가보니 시어머니께서 넘어져 계셨다. 다리가 아파 일어나지 못하시고 넘어진 채로 누워 계셨다.

날이 새자마자 아산 병원으로 시어머님을 모시고 갔는데 넘어지면서 고관절이 부러졌다고 했다. 바로 수술을 하지 않고, 며칠 동안 검사를 하더니 검진결과 결핵이 발견되었다며 1인실로 옮겨졌다. 며칠 지나 수술을 하고, 10일 동안 병실에 들어가려면 마스크를 써야 했다. 주로 시누이와 우리 부부만 병실을 드나들면서 간호를 했다.

어느 날 병실에서 시어머니는 예수님이 세 번이나 나타나셔서 야단을 치셨다면서 침대 철제 사이에서 잘못했다고 두 손 모아 빌었다고 하셨다. 그 순간 다급해서 한 행동이지 진정한 회개는 아닌 것 같은 느낌이 들었다. 왜냐하면 회개의 눈물을 흘리지 않았기 때문에 그런 생각이 들었다. 시어머니께서 내게 기도 받기를 원하셔서 나는 매일 퇴근길에 기도를 해드리러 병원으로 갈 수밖에 없었다.

병원에서 최근에 시어머니와 접촉한 사람은 모두 결핵검진을 받으라고 독촉했다. 아들네 가족이 전날까지 환자와 같이 밥을 먹고 다녔으니 내 아들네 가족과 함께 결핵검진을 받게 되었다. 인터넷이 발달되다 보니 시어머니 주소지인 강원도 보건소에서까지 우리부부도 결핵검사를 받으라는 연락이 왔다.

검진결과가 좋지 않으면 회사 직원들에게도 전염이 되었을지 몰라서 여러 가지 염려스러웠다. 다행히도 아무 이상이 없었다. 아들네 가족도 시누이 가족도 이상이 없다고 결과가 나와 한시름 놓게 되었다. 시어머니는 10일 후 퇴원을 하게 됐는데, 병원비가 상당히 많이 나왔지만 전염병에 해당되어 국가에서 지원해주어 많은 혜택을 보았다. 결핵 때문에 다른 병원으로 옮길 수도 없어서 집으로 모셔다가 대소변까지 받아내며 수발을 들었다. 결핵치료 주사를 배에다 2대씩 매일 맞고, 약도 한 주먹씩 6개월을 먹는 동안에 약이 독하기 때문에 영양을 충분히 보충해야 했다.

침대 위에서 용변을 2달쯤 보시는 동안 하루에 대변을 7번쯤 코실 때도 있었다. 새벽 2시에서 4시쯤 시어머니에게서 핸드폰이 울리면 급히 달려가서 변기를 비우고, 뜨거운 샤워기로 씻으면 똥내가 진동할 법도 한데 하나도 냄새가 나지 않았다.

계절이 겨울이라 환자가 있어 찬 기운이 들까봐 문을 열지도 못하고, 환기도 제대로 못 시키고 지냈는데 집에 방문한 사람들 모두 집안에서 냄새가 안 난다고 말했다. 우리 시어머니가 그동안 내 속을 하도 많이 썩혀서 갖은 고난도 당했지만, 신기하게도 지금 누워서 똥오줌을 싸고 있는 노인이 어쩜 그렇게 예쁘게 보였던지 서너 차례 시어머니께 거울을 보여주며 "어쩜 이렇게 예뻐요. 어린아이가 잠에서 깨어날 때처럼" 말하곤 했다. 이 모든 것이 하나님의 은혜로 여겨졌다. 고난 중에 평강을 주시는 하나님을 만나게 되었다.

> "젊은 사자는 궁핍하여 주릴지라도 야훼를 찾는 자는 모든 좋은 것에 부족함이 없으리로다. (시 34:10)"

27.
시어머니를 최선을 다해 섬기다

    지난주에는 남편이 정신과에서 약을 타다가 어머님께 먹였다. 신경안정제가 들어가서 그런지 어머님은 주말 내내 오줌을 지리셨다. 내복을 한 두 벌도 아니고, 네 벌쯤 말아놓아서 펴보면 오줌냄새가 진동을 해 손으로 빨아서 세탁기에 넣기를 몇 차례 하고 나니 교회 갈 시간이 되어 어머니께 서둘러 준비를 하시라고 하고 나도 급히 준비를 마쳤다.

    "이제 교회를 갑시다."하니 화장실을 가야 한다면서 어머님은 서둘러 화장실로 향하셨다. 이미 가는 동안에 바지에 오줌을 싸서서 변기에 앉았는데 볼일을 다 보기 전에 일어나셔서 사방에 변이 떨어졌다. 이쪽저쪽을 치워놓고, 바지를 뒤집어 손으로 빨아서 세탁기에 넣고 나니, 교회 갈 시간이 늦어져서 서둘렀다. 날씨도 가장 추운 날이니까 어머님께 "오늘은 집에 계셔요. 교회를 모시고 갔다가 어떤 일이 일어날지 모르니 다음 주에 가세요."하며 우리 부부만 집을 나섰다. 예배를 드리고, 서둘러서 집으로 돌아왔다. 어머님을 보니 교회에 안 데려 갔다고 울먹이며 삐지셨다. 밥을 차려 드리려고 달려왔다며 얼른 갈비를 구워서 드렸는데도 드시는 내내 삐져 계시더니 왕갈비를 다 드시고 나서야 풀어지셨는지 잘 먹었다고 흐뭇해 하셨다. 평상시는 주일에 아들네 가족까지 주일을 지키게 하는 것이 큰 행사였다. 어머님도 툭하면 교회 안 간다고 하시고, 교회를 안 가신 일주일은 무탈하게 지내기가 힘들었다. 시어머님을 빨리 회복시켜서 남은 인생 동안 참 하나님을 만나도록 하는 것이 나의 사명이라고 생각을 하였다. 약을 드시는 것도 안쓰러웠다. 결핵약은 6개월 동안 하루라도 건너뛰면 2년을 먹어야 된다기에 눈만 뜨면 공복에 약을 드시니 안타까운 생각에 식사도 신경을 쓸 수밖에 없었다. 무사히 6개월 동안 약을 잘 드셨고, 7개월이 되었을 때는 다리가 불편해서 활동은 못하시나 상체의 건강상태가 좋아지자 기가 또 살아나셨다. 물에 빠진 사람 살려내면 보따리 내놓으라고 한다는 것과 다를 바가 없었다. 다시 밤낮으로 내게 욕과 폭력을 휘둘러브려고 하는 시어머니를 보면 억장이 무너졌지만 누구에게도 그 사실을 말할 수도 없었다. 몸도 불편해 다리도 제대로 못써 누구 도움이 없이는 어디 가지도 못하는 사람이 자식들한테 해서는 안 되는 욕을 퍼부었다.

어느 날 내가 집에 없을 대 남편과 한바탕 전쟁을 하셨나보다. 내가 있었으면 항상 내가 표적이 되었을 텐데, 두 사람은 격할 대로 격해져 사탄의 도구가 되어 남편이 더 이상 이런 부모를 모실 수가 없다며 형제들을 소집했다. 어머님은 다른 자식들이 오자 더욱 날뛰셨고, 자식들이 보기에도 감당이 안 되자 작은 아들이 어머니를 태우고 나갔다고 했다.

형제 중 막내아들이 어머니를 며칠 모시고 있다가 강원도에 다시 모셔다 드리고 갔다는 소식이 들렸다. 우리 집에 계실 때 내가 밥도 먹여드리고, 물도 떠다 드려야 할 정도의 상태였기에 혼자서 생활하시긴 불편하실 텐데 너무 안타까웠다. 형제들은 어머니가 어찌 지내시는지 궁금해 주말을 이용해서 반찬을 해가지고 찾아뵈었다고 했다.

그 이야기를 들으며 모두들 집으로 모실 자신이 없어 그랬을 수도 있었겠단 생각이 들었다. 그렇게 시간이 조금 흐르고 나니 남편이 그래도 어머님이 어찌 지내시는지 궁금한지 가보겠다고 하기에 따라 나섰다. 시어머님은 물 호스를 실내로 끌어들여 싱크대로 물이 쏟아지게 해놓고, 기어 다니시면서 식사를 해 먹을 수 있도록 겨우 지내셨다. 마치 그곳에 귀양 온 사람처럼 보였다. 그렇게 지내고 계시는 시어머님을 생각하니 마음이 편치 않았지만 모셔올 용기가 나지 않아서 그냥 올라왔다. 몇 개월이 지나도 어느 형제 하나 자기 어머니를 모셔갈 아들이 없으니 나한테 연락이 왔다. 참으로 야속했다. 내가 40년을 모셨는데 단 한 달도 모셔갈 자식이 없단 말인가? 그렇다면 왜 어머니를 다그쳐서라도 "지금까지 형님과 사셨잖아요. 어머니가 있을 자리는 형님 집이 그 자리입니다." 이렇게 어머니를 권면해드리지 못하고 어머니를 혼란스럽게 하는 것이 야속했다.

시어머님이 하나님을 믿으신 세월이 벌써 30년이 넘었는데도 번번이 화가 나시면 교회를 안 다니겠다며 성경책을 내 방문 앞에 갖다 놓으신다. 그런 시어머님을 내 힘으로 변화시키려 하기보다 하나님께 맡기기로 마음먹었다.

"하나님 제가 아무리 노력해도 되지 않는 일이 있어 이제는 다 내려놓겠습니다. 하나님이 해주세요."라고 기도하며 처음에는 저는 아무것도 할 수 없다는 말만 되풀이했다. 그러다가 "주님이 해주세요. 주님이 도와주시기를.. 주님은 하실 수가 있잖아요!" 이렇게 몇 개월을 기도했더니 하나님이 일을 하시기 시작했다.

얼마 전 둘째 시동생 부부가 강원도에 계신 어머니께 갔더니 어머니는 몽둥이를 만들어 놓고, 무언가를 보고 이리 치고 저리 치다가 몽둥이가 부러지기도 하고, 이제는 자신이 다급하니 하나님도 찾고 예수님도 찾는다고 했다. 영안이 열려 눈이 어떤 두려운 것들을 보게 되면서 밤에 잠도 안 주무시고, 주기도문 외우기를 반복하셨다고 한다. 그리고는 큰 며느리가 와서 기도해야 자기가 산다며 공중에다 대곤 "요놈 귀신들아 우리 큰 며느리만 오면 너희들 꼼짝 못한다"며 고함을 지르고 미친 사람 같이 행동하셨다며 동서가 그 당시 상황을 전해주었다.

결국 셋째 시동생이 모시겠다고 해서 그 집으로 가게 되었는데, 밤새도록 어머니가 정신 나간 짓을 해서 며칠 안 되어 시누이 집으로 모셔다 드렸다고 전화가 왔다. 일주일이 지나자 시누이 남편에게 전화가 왔다. "왜 김 서방네서 모시는 어머니를 우리 집에서 모셔야 하냐며 이러다가 우리 마누라 죽이겠다며 당장 모셔가지 않으면 파출소에 데려다놓겠다."고 하기에 하는 수 없이 토요일에 모시러 가겠다고 약속했다.

시어머님 상황은 다급하기는 했지만 나는 이틀 후 10월 23일엔 CTS 기독교 방송 '내가 개일 기쁘게' 방송 녹화를 하기로 예정된 날이었고, 사무실 이전 문제로 너무 바빴다. 시어머님을 모시러가는 시간을 늦출 수밖에 없었다.

성경에서 나오는 바로를 강퍅해질 대로 강퍅해지게 해서 이스라엘 민족이 출애굽을 하도록 만드셨던 하나님을 연상하게 되면서 우리는 약속한 대로 봉두난발한 채 서둘러 시어머님을 모시러갔더니 시누이가 음식을 잘 장만해놓고 기다리고 있었다.

어머니는 거기 있는 동안에도 무슨 환상을 보셨는지 무서워서 화장실로 기어들어가서 변기 틈에 끼어 엎드려서 기도를 했는데 불이 두 번 비추었다고 하나님이 자신을 지켜주셨다고 말했다고 했다.

시어머니가 시누이 집에 있는 동안 매일 기독교방송과 CTS를 보겠다고 해서 보여주고, 시어머니가 동영상을 보고 있는 모습을 찍어 나에게 보여주었다. 어머니가 기도를 해달라고 하니까 시누이 남편이 기도를 해주었다기에 어떻게 불경을 외웠어요? 물었더니 "아니 학교 다닐 때 교회 안 가본 사람이 어디 있어요!" 그냥 그때 교회서 들은 대로 기억나는 대로 그렇게 했지요"라고 말했다.

시어머니를 토요일 밤에 모셔오게 되었다. 모든 것을 하나님이 계획하셨다는 생각에 하나님의 생각은 우리보다 월등하시며 치밀하며 섬세하다는 것을 깨닫게 하셨다. 또 방송이 나가는 날 한 치의 부끄럼 없이 당당하게 자신감을 주시고, 감동과 감사가 저절로 나오는 일을 체험하게 되었다. 방송 출연을 통해서 하나님께 영광을 돌릴 수 있는 이런 일을 하게 되니 하나님은 진정으로 위대한 설계자라고 말하고 싶다. 어쩌면 절묘하게 평생에 한 번 있을지 모를 일을 때에 맞춰 주셔서 내 마음이 위로가 되었다.

그러니 어찌 감사하며 충성하지 않을 수가 있을까? 매일 매일 감사로 하나님께 영광을 돌려드립니다.

"야훼께서 자기에게 기름 부음 받은 자를 구원하시는 줄 이제 내가 아노니 그의 오른손의 구원하는 힘으로 그의 거룩한 하늘에서 그에게 응답하시리

로다. (시 20:6)"

"주를 찾는 모든 자들이 주로 말미암아 기뻐하고 즐거워하게 하시며 주의 구원을 사랑하는 자들이 항상 말하기를 하나님은 위대하시다 하게 하소서. (시 70:4)"

"그가 그의 거룩한 자들의 발을 지키실 것이요 악인들을 흑암 중에서 잠잠하게 하심이니 힘으로는 이길 사람이 없음이로다. (삼상2:9)"

28.
칠촌 아저씨 댁에서 가족사를 듣다

아주머니가 수년 전부터 대장암으로 수술하고 여러 차례 항암치료를 받으며, 고생을 하고 있는데 심방와서 기도해주지 못한 것이 항상 마음에 걸렸다.

우리 남편이 고향 집에 갔다 오는 길에 차에 있는 책을 칠촌 아저씨께 드려 그 책을 읽으시고, 내가 치유기도를 한다는 것을 알게 됐다고 하셨다.

칠촌 아저씨 부부가 암과 투병하며 고생을 하고 있을 때 나는 바쁘다는 핑계로 못가고, 남편과 어머니가 병문안을 다녀오셨다.

그분들의 마음이 얼마나 섭섭하셨을까? 나는 그 후로 계속해서 마음이 불편하면서 아주머니 생각이 떠올랐다. 그래서 작정하고 얼마 후에 찾아 뵙는데 아주머니는 신앙심이 깊은 권사님이셨다

제가 심방기도를 못 해드려 늘 마음에 걸려서 오늘 기도를 해드리려고 왔다고 했더니 아주머니는 반가워하며 흔쾌히 기도 받기를 원하셨다.

그분을 방으로 모시고 가서 침대에 누이고, 성령께 전적으로 의지하며 간절히 치유기도를 하였다. 방언으로 기도를 할 때 그분도 방언으로 기도를 하고, 심령 깊은 곳에서 진동이 오는 것을 느낄 수가 있었다.

기도를 마치고 나서 그분이 기도 중에 환상을 본 것을 이야기했다.

본인이 여러 차례 수술과 항암치료를 받으며 두려워하고, 걱정하면서 살고 있었는데, 기도 받는 순간 예수님께서 하얀 천으로 목에서 발끝까지 덮어주시며 깨끗하게 치료해주셨다고 말했다. 그 이야기를 듣던 우리 남편과 아저씨가 기이하다며 기뻐했다. 그런 안수기도는 처음 받아보았다고 했다.

이 아저씨네 가족들도 순복음교회를 몇 십 년 다니시고, 재정봉사를 17년 동안 해 오신 믿음이 깊으신 분들이다.

그날 그 집을 방문해서 아저씨에게서 나도 모르고 살아온 시아버지 이야기를 처음 듣게 되었다. 우리 시아버지가 일찍 돌아가셨다고 하는데 그 이유는 시원하게 이야기하지 않고, 나쁜 병은 우리 집안에는 없다고 하면서 시아버지는 40세 전에 돌아가셨다는데 45년을 살면서 나는 그 일을 알아 내지 못하고 궁금하게 생각했었다.

우리 시아버지가 옛날에 탄광에서 십 부장을 해서 아저씨도 취직을 하게 되었고, 시아버지는 탄광에서 며칠 후에 퇴사할 계획이 있었음에도 그날따라 최고 깊은 갱도에 들어갔다가 갱이 무너지는 사고가 나 그날 7명이 참사를 당했다고 이야기를 해주셨다.

그런 일을 지금까지 알지 못한 것이 더 이상했다. 시집 식구들은 무엇 때문에 그 일을 한 번도 언급하지 않고, 비밀로 지켜왔는지 신기하였다.

지금도 그날 아저씨에게 들었던 이야기를 남편에게 확인하려하지는 않았지만 내가 미리 알았더라면 시어머니를 좀 더 이해할 수 있었을 것 같았다.

그런 한이 있어서 그렇게 욕을 하고 싶고, 고함을 치는 것이 자제가 안 되다 보니 가족관계에서 서로가 많은 상처를 입었을 것이라고 생각되었다. 또 그 상처로 인해 악한 사탄들의 공격은 날로 심해졌을 것이다. 우리 가족이 화합하지 못하고 시집살이가 너무 힘들어서 나는 기도하러 밤낮으로 교회로 기도원으로 쫓아 다닐 수밖에 없었다. 몇 년 전부터 아저씨가 추석, 설 명절 때면 옛날부터 도움을 받았다면서 항상 10만원 봉투와 과일 선물도 가지고 오셔서 어머니에게 드리면 우리도 연로하신 분이 그렇게 오시니 봉투를 준비해 드리고 기도를 해드렸다.

그분도 귀가 잘 안 들리고 머리와 가슴이 아파서 병원에 가려고 나왔다기에 안수기도를 해드렸더니 머리가 시원하다며 병원에 가려던 돈을 내게 내밀며 치유를 받았다는 긍정의 말을 하고 집으로 돌아가시더니 그 일로 완벽하게 치유가 되었다고 여러 차례 가족에게 이야기를 해서 친척들 대소사 때 만나면 그 일에 대한 이야기를 종종하셨다.

"예수께서 대답하시되 내 나라는 이 세상에 속한 것이 아니니라. 만일 내 나라가 이 세상에 속한 것이었다면 내 종들이 싸워 나로 유대인들에게 넘겨지지 않게 하였으리라 이제 내 나라는 여기에 속한 것이 아니니라. (요 18:36)"

29.
사탄의 세력을 이겼느냐

25년 전쯤에 우리 자녀들이 사춘기를 겪을 나이가 되어 신경이 예민해져 가고 있을 무렵, 시어머님은 혈기가 왕성하고, 다혈질이라 시집살이가 심각하여 하루도 마음 편한 날이 없었다. 고래고래 고함을 치기도 하시고, 밤에 집을 뛰쳐나가 막내 시동생 집으로 가서서 동서도 있는데 나에게 전화로 욕을 해대며 돈을 보내라고 하면 돈을 보낼 수밖에 없었다. 그때 내가 가구장사를 할 때이므로 돈이 궁하지 않아서 바로 보내드리곤 하였다. 그런데도 화가 심하실 때는 가구점까지 오셔서 전시되어 있는 식탁 의자를 들고 나에게 던져 보려고 째려보시다가 내가 워낙 잽싸게 피하므로 어떻게 해보지 못하시고, 그냥 가실 때도 있었다.

나는 그 무렵 장사도 해야지 애들은 사춘기라 방황할지도 모르는 상황이고, 남편은 하루도 거르지 않고, 저녁때면 술꾼들을 모아 술집을 이집 저집 옮겨 다녔다. 술값은 항상 본인이 내야 하는 줄 알고 사줘야 될 사람만 데리고 다녔다.

나는 매일 장사가 끝나면 남편을 찾아서 집으로 데리고 와야 했다. 술 취한 남편을 데리고 집에 들어가면 어김없이 시어머니가 한판 해보려고 기다리셨다는 듯이 시어머니는 소리를 지르며 욕하실 때는 술 취한 아들에게 하는 것은 아니다. 시어머니가 욕한다고 해서 며느리는 욕으로 상대할 수도 없는 것이다.

체중이 90킬로가 넘는 술 취한 사람을 47킬로 밖에 안 되는 내가 끌고 왔는데 남편은 화장실 앞에 누워서 따뜻한 물을 떠다 발을 씻겨달라고 억지를 부리고 있다. 이 모습을 바라보시던 시어머니는 물 떠다가 발을 씻겨주지 왜 안 씻겨 주냐며 너도 어지간하다고 나를 책망하셨다. 나는 그것까지는 자존심이 용납하지 않아 끝까지 발을 씻겨주지 않았다. 그 때의 기억이 참담하여 지금까지도 남편의 발을 단 한 번도 씻겨준 적이 없다.

아들이 고등학교를 다니고, 딸 둘이 중학교를 다닐 때 송파 훼밀리 아파트로 이사를 왔는데 아들이 가족회의를 소집한다고 해서 식구들이 모두 거실에 모였다. 아들이 우리가 좋은 집으로 이사를 왔으니 이제는 품격을 지켜 가족끼리 싸우지 말고, 잘 살아보자 제안했다. 그 순간 시어머니가 큰손녀를 보고 눈깔을 파내고 싶다며 욕을 하자 다들 그만두자면서 각자 방으로 들어가 버렸다. 그 무렵 시어머니는 체중이 80킬로쯤 되었고 목청도 커서 무작위로 쏟아내는 욕설을 막을 사람이 아무도 없었다.

그렇게 암흑 같은 세월 속에서도 우리 가정에 하나님이 물질의 복을 부어 주시려고 5년 동안 가구총판을 하였고 그 후 10년 동안 가구점을 하게 되었다. 그러나 하나님이 주시려는 복을 가족들이 받아들일 준비가 안 되었구나 하며, 물질을 거둬 가시기 시작하자 아주 짧은 시간에 사업을 정리할 수밖에 없었다. 나중에는 타고 다니던 자동차까지 도둑을 맞아 차가 없었던 때가 있었다.

2004년쯤 사업의 실패를 깨닫게 되면서 오산리 기도원과 여의도 순복음 교회를 다니며 회개기도를 수없이 하였다. 남편도 코따리를 싸가지고 오산리 기도원을 오르락내리락하면서 금식하고 기도를 하였다. 그러자 3년 만에 하나님께서 성령을 받게 하셨고, 방언도 받고, 술도 담배도 끊게 하셨다. 그리그 믿음 생활을 충실이 하도록 인도하셨고, 안수집사를 거쳐 장로 직분까지 받게 되었다.

13년 전에 시작한 의류사업도 하나님의 도우심으로 지금까지 계속 발전해서 주식회사로 확장되게 하셨다.

이젠 아들이 장로요, 며느리가 권사인데 시어머님을 평생 모시고 있으면서 구원도 못 받게 하면 하나님께서 우리에게 질책하실 것이 당연한 것 같아서 가족의 구원문제를 놓고 1년 동안 작정기도를 했다. 그렇게 작정기도 하는 중에도 시어머님은 주말이면 강원도 옛날 고향집으로 혼자 가셔서 자녀들을 그곳으로 내려오라고 하면서 속을 썩이신 지는 수 십 년이 되었다.

어떤 날은 큰 아들집으로 가서 교회도 다니고, 하나님을 믿겠다고 말씀도 하시며 큰 며느리한테 기도를 받아야 살 것 같다고 동서를 시켜 빨리 오라고 하기도 하셨다. 그러나 하나님은 우리의 생각과는 다른 방법으로 시어머님을 만지셨다. 지나고 보니 2018년도에 골절상을 입은 것도 시어머님의 몸과 마음을 약하게 만들어서 고집을 꺾으시고, 누군가를 의지하게 만드신 것은 하나님의 세밀하신 섭리로 믿어진다.

그 후에 하나님께서 시어머님의 영안을 열리게 해서 볼 수 없는 악귀를 보여주시기도 하셨다. 병원에 입원해 계실 때는 환상으로 나타나신 예수님께 잘못했다고 회개기도를 하게 하셨다. 어떤 때는 몽둥이로 귀신을 쫓는 행동도 하게 하셔서 결국은 하나님의 권능으로 승리하게 하셨다.

시누이 집에서도 어머니가 두려움에 떨고 있을 때 하나님께서 어머니에게 빛을 두 번 비춰주셨고, 지켜주신다는 확신을 받았다고 한다.

부족한 내가 2018년 11월 7일, 8일, 13일에 CTS '내가 매일 기쁘게' 방송에 50분간 출연하게 되었고, 2019년 2월엔 GOOD TV '매일 주와 함께'에는 50분간 방송하게 되었다. 형제들도 이 방송을 보면서 내가 방송에 출연한 것은 하나님이 하신 일이지 사람이 방송을 하고 싶다고 해서 하는 일이 아니라는 것을 느꼈을 것이다.

그 후 다리가 불편하신 시어머님을 모시고 온 날부터 안수기도를 해드렸고, 매일 가정예배를 드리며 주일에는 차로 모시고 교회를 다니게 되었다.

이후부터 한 평생 악한 영들에게 묶여있던 시어머님의 얼굴이 혈색부터 밝아지고, 마음도 온유해지면서 언행도 온전하게 변화되었다.

이제는 언제 무슨 일이 있었는지 과거를 기억조차 못하는 사람처럼 천연덕스럽다. 시어머님은 치매도 없고, 귀가 조금 덜 들릴 뿐 몸도 마음도 정신도 회복 되었고, 치아도 튼튼해서 잘 잡수시고 소화력도 좋고, 이젠 믿음 생활도 잘하신다.

지금은 사악한 영이 떠나갔고, 편안한 마음과 부드러운 표정을 유지하며 잘 지내시고, 가족들에게 염려를 안 끼치려고 노력하는 변화된 모습을 보여 주신다. 이렇게 하나님의 은혜와 권능으로 자유를 얻은 시어머님이 이젠 하나님의 백성으로 사시는 모습을 보여 주시니 정말 하나님의 은혜가 너무 감격스러울 뿐이다. 참으로 긴 고난의 여정 끝에 기도와 간구가 응답되어 가족구원을 이루게 되었다.

"여호와는 자기를 경외하는 자들과 그의 인자하심을 바라는 자들을 기뻐하시는도다." (시 147:11)

30.
새로운 깨달음을 주신 성령님

"내 집이 하나님 앞에 이같이 아니하냐 하나님이 나와 더불어 영원한 언약을 세우라고 만사에 구비하고 견고하게 하셨으니 나의 모든 구원과 나의 모든 소원을 어찌 이루지 아니하시랴" (삼하 23:5)

주일이 되면 교회를 가기 위해서 서둘러 준비를 하느라고 온 가족이 분주하다. 아침식사를 한 후 시어머님의 옷도 챙겨드려야 하고, 워커라는 의료기도 챙겨야 하고 차를 운전해서 가려니 얼마나 바쁜지 온 몸이 땀에 흠뻑 젖는다.

그날도 교회를 가는 도중에 차안에서 갑자기 지나온 생각이 주마등처럼 떠올랐다. 45년 전부터 돈을 벌어서 시어머님이 90세가 되도록 70~80만 원 정도를 매달 월급처럼 날짜를 지켜서 꼭 챙겨 드렸다. 내가 결혼하고부터 어머니가 경제적으로 돈을 버신 일은 없다. 그리고 공부하는 시동생의 등록금부터 용돈까지 내손에서 나가야 했으며 우리 아이들까지 커서 3명을 더하니 아침이 되면 식구 숫자대로 돈을 주어야 했다.

물론 시어머님이 살림을 해주시고 계셨지만 한 달에 탄은 화를 내고 사신다. 화만 나시면 살림을 전폐하고, 강원도 고향집으로 혼자서 내려갔다가 올라오신다. 매달 보름쯤에 돈을 드리고 나면 어김없이 일주일도 안 되어 한바탕하고는 강원도로 내려가시고, 일주일이나 열흘 쯤 되면 어김없이 올라오셔서 제자리에 계시기를 수십 년 반복하셨다. 돈을 드릴 때면 손으로 잘 받아주시면 좋으련만 꼭 몸을 비틀며 바지 주머니에 돈을 넣으려고 한참을 꼼지락 거려야 돈이 주머니로 들어간다.

주머니에 돈을 겨우 집어넣고 나면 속에서 화가 치미는지 병신 같은 년! 하면서 나에게 짜증을 내실 때면 나는 몹시 속이 상했다. 40여 년을 그렇게 하셨는데 5년 전쯤부터 나는 남편에게 당신이 돈을 드리시오. 나는 더 이상은 못하겠다고 내려놓았다. 그랬더니 남편은 수시로 용돈을 더 드려서 시어머니가 쓰고도 남아 적금을 들었는데 지난번 쓰러졌을 때 아들한테 현금과 통장을 맡겼다고 한다. 아들은 그 돈은 건드리지도 않고 보관하고 있지만 매일 자기 돈을 계수만 하고 있다.

며느리한테 돈을 받을 때마다 자존심이 상해서일까? 아니면 시집살이 시키는 것이 몸에 배어서 짜증을 부렸을까? 나 자신도 자존심이 상해서 남편에게 그 일을 넘겼지만 40년이라는 세월은 참으로 반세기 해당되는 긴 세월인데 어찌 그렇게 했을까 생각하면서 주일 차안에서 하나님 저 시어머니가 평생 나를 힘들게 하고 욕하고 내 인생을 엉망진창으로 만들었는데 지금은 좋은 차에 태워서 교회에 모시고 갑니다. 그렇게 욕하는 시어머니에게 그 긴 세월을 돈 바쳐가며 시집살이 당할 사람이 있을까요? 질문하자 은밀하게 성령의 음성이 들렸다.

"그러니까 너에게 좋은 차를 주었고, 물질도 궁색하지 않게 쓰고 부족하지 않게 채워주지 않느냐?"

나는 지금까지 최선을 다하여 하나님을 전적으로 믿고 따르며 순종하며 물질이 어려운 때에도 십일조를 드리고 선교사님들을 섬겨 온 일로 받은 축복이라 생각했는데, 뜻밖의 이런 음성을 듣고 깜짝 놀랐다.

그분의 음성은 망치로 한 대 맞은 기분이었다. 조금씩 그런 거 같다고 생각하니 위로가 되고 기분이 좋아지기 시작하였다.

시집살이라는 역경 중에서도 믿음과 기도로 인내하며 가정을 지키고, 시어머님을 모신 일을 축복으로 갚아 주신다는 하나님의 은혜에 감사를 드린다.

내가 방송에 나간 이후 기도해주고 상담해준 두 사람에게 이 이야기를 해주며 은혜를 나누었다.

세상에서 방황할 때 나 주님을 몰랐네
내 맘대로 고집하며 온갖 죄를 저질렀네
예수여 이 죄인도 용서 받을 수 있나요
벌레만도 못한 내가 용서 받을 수 있나요

많은 사람 찾아와서 나의 친구가 되어도
병든 몸과 상한 마음 위로 받지 못했다오
예수여 이 죄인을 불쌍히 여겨 주소서
의지할 것 없는 이 몸 위로 받기 원합니다

이 죄인의 애통함을 예수께서 들으셨네
못 자욱 난 사랑의 손 나를 어루만지셨네
내 주여 이 죄인이 다시 눈물 흘립니다
오 내 주여 나 이제는 아무 걱정 없습니다

내 모든 죄 무거운 짐 이젠 모두 다 벗었네
우리 주님 예수께서 나와 함께 계신다오
내 주여 이 죄인이 무한 감사드립니다
나의 몸과 영혼까지 주를 위해 바칩니다
주를 위해 바칩니다

제 5 부
믿음이란 무엇인가?

(예수님 방식으 옥토제자훈련에서 인용하였음)

31. 믿음이란 무엇인가?

　믿음의 세계는 우주보다 더 큰 세계요 천국이 포함된 영적인 영역이므로 유한한 인간의 관점에 따라서 믿음에 대한 설명은 다르게 표현될 수 있습니다.
　그러나 믿음은 영적이면서 현실적으로 표현되어져야 합니다. 믿음은 바라는 것들의 실상이요 보이지 않는 것들의 증거이기 때문입니다. 기독교의 믿음의 대상자는 삼위일체이신 하나님, 예수님, 성령님이십니다.
　믿음은 말씀을 들음에서 시작하기 때문에 우선 기록된 성경말씀을 가감 없이 그대로 100% 믿고 말씀을 날마다 읽고 순종하는 것이 믿음입니다. 요한복음 1장 1절에서 이 말씀은 곧 하나님이시라고 했습니다.
　말씀이 곧 보이는 하나님이요 보이는 예수님이요 보이는 성령님이십니다.
　우선 삼위일체 하나님에 대하여 아는 것이 믿음입니다(호 6:3, 6:6 참조)
　믿음은 주님의 이름을 부르는 것입니다(롬 10:13 참조)

믿음은 그분들의 존재하심과 그분들의 속성과 그분들의 행하심을 성경말씀에 기록된 대로 신뢰하는 것입니다.

둘째, 믿음은 예수님을 마음에 영접하는 것이며 하나님의 자녀가 되는 것입니다.(요 1:12 참조)
예수님을 영접한 사람은 마음중심에 예수님을 모시고 동행동거하면서 쉬지 않고 교제하는 생활을 해야 합니다. 믿음은 주님과 한 몸으로 연합된 것을 믿는 것입니다. 내 몸이 주님이 계신 성전이라는 것을 믿는 것입니다.

셋째, 믿음은 예수님이 십자가에서 죽으셨을 때에 나의 옛사람이 십자가에서 함께 죽었다는 말씀을 인정하는 것입니다. 내 모든 죄성과 정욕과 탐심을 대속하신 것을 믿는 것입니다.

넷째, 믿음은 죄를 회개하고 자백하면 십자가 보혈의 공로로 깨끗이 용서된다는 말씀을 믿는 것입니다. 허물과 죄를 회개하고 회개의 열매를 맺는 것이 믿음입니다.

다섯째, 믿음은 십자가에서 흘리신 예수님의 보혈의 공로와 그 능력을 믿는 것입니다. 피 흘림이 없은즉 사함이 없다는 말씀을 그대로 믿어야 합니다.

여섯째, 믿음은 마귀의 세력을 예수님의 이름으로 대적하고 물리치는 권세를 주셨다는 말씀을 믿는 것입니다. 예수님이 마귀의 세력들을 멸하셨다는 말씀을 믿는 것입니다. 예수님이 사망권세를 이기시고 부활하셨다는 말씀을 믿는 것입니다. 하나님의 전신갑주 곧 예수님으로 옷을 입고 사는 것이 믿음입니다.

일곱째, 믿음은 예수님이 사람의 영 혼 육을 치유하고 구원하시러 오셨다는 말씀을 믿는 것입니다. 예수님은 죄인의 허물 때문에 찔리셨고, 죄악 때문에 상하셨고, 평화를 위해서 징계를 받으셨고, 그가 채찍에 맞으므로 나음을 받았다는 말씀을 믿는 것입니다. 예수님이 질병을 짊어지고 가셨다는 말씀을 믿는 것입니다. 예수님은 인간을 전인 치유하신다는 것이 믿음입니다.

여덟째, 믿음은 성령 충만을 지속하면서 성령의 열매를 맺는 것입니다. 마음속에 성령님을 충만히 모시고 사는 삶입니다.

아홉째, 믿음은 예수님의 성품을 소유하는 것입니다. 예수님이 내 안에 계셔야 그분의 성품이 나타나는 것입니다.

열 번째, 믿음은 옥토가 되어서 성경말씀대로 순종하는 것입니다. 믿음과 사랑과 순종은 한 마음이요, 한 몸인 것입니다. 아버지의 뜻대로 순종하는 자가 천국에 들어가며 반석 위에 집을 짓는 자입니다. 물론 회개와 용서를 포함한 순종입니다.
믿음은 믿는 자의 반응으로 나타나게 되어있습니다.

믿음에 대한 반응은 언행심사로 표현되어지는 것입니다.

믿음은 말씀이 현실화 되는 능력입니다.

믿음은 바라는 것들의 실상이요 보이지 않는 것들의 증거로 나타나게 되는 것입니다.

주님은 믿는 자에게 능히 하지 못할 일이 없다고 말씀하셨습니다. 말씀은 살아있고 활력이 있기 때문에 말씀을 믿으면 말씀대로 이루어지는 역사가 일어날 수 있는 것입니다.

① 하나님의 속성

하나님은 창조주, 전지전능자, 영, 영원함, 거룩, 말씀, 빛, 생명, 생사화복의 근원, 반석, 피난처, 산성, 방패, 구원자, 목자, 죄를 용서하심, 병 고치심, 임마누엘, 사랑, 아버지, 심판 주, 왕.

② 예수님의 속성

예수님은 독생자 하나님의 아들, 인자, 어린양, 죄와 질병과 가난과 저주의 대속자, 십자가 죽음, 부활, 동거동행하심, 중보자, 대언자(보혜사), 영원함, 전능자, 말씀, 창조자, 구세주, 생명, 길, 진리, 참 빛, 만왕의 왕, 재림, 심판주, 아멘, 알파와 오메가, 하나님, 임마누엘.

③ 성령님의 속성

성령님은 보혜사, 하나님의 영, 그리스도의 영, 영원함, 전능함, 진리의 영, 성결의 영, 불세례 주심. 권능주심, 은사와 열매주심, 동거동행하심, 충만케 하심, 그리스도를 증거 하게 하심, 죄와 의와 심판에 대하여 세상을 책망하심, 치유하심, 불. 바람, 비둘기, 기름, 생수.

32. 하나님은 어떤 분이신가?

하나님에 대한 성경구절

☆중요한 구절은 암송합니다.
☆말씀에 대한 믿음과 순종이 부족한 부분을 회개하면서 묵상합니다.

1. 하나님은 영이시고, 스스로 있는 자시고, 천지만물과 나를 지으시고 생육, 번성, 충만, 정복, 다스리는 복을 주신 분이십니다.

• 창 1:1-2 태초에 하나님이 천지를 창조하시니라 하나님의 영은 수면 위에 운행하시니라.
• 창 1:27-28 하나님은 자기 형상 곧 하나님의 형상대로 사람을 창조하시되 남자와 여자를 창조하시고

- 사 43:21 이 백성은 내가 나를 위하여 지었나니 나를 찬송하게 하려 함이니라.
- 시 139:13,14 주께서 내 내장을 지으시며 나의 모태에서 나를 만드셨나이다. 내가 주께 감사하옴은 나를 지으심이 심히 기묘하심이라. 주께서 하시는 일이 기이함을 내 영혼이 잘 아나이다.
- 요 4:24 하나님은 영이시니 예배하는 자가 영과 진리로 예배할지니라
- 출 3:14 나는 스스로 있는 자이니라.

2. 하나님은 전지전능하신 왕이시며 주님이시며 거룩하시고 위대하신 분이십니다.

- 시 50:1 전능하신 이 여호와 하나님께서 말씀하사 해 돋는 데서부터 지는 데까지 세상을 부르셨도다.
- 시 145:1 왕이신 나의 하나님이여 내가 주를 높이고 영원히 주의 이름을 송축하리이다.
- 사 43:15 나는 여호와 너희의 거룩한 이요 이스라엘의 창조자요 너희의 왕이니라.
- 시 77:13 하나님이여 주의 도는 극히 거룩하시오니 하나님과 같이 위대하신 신이 누구오니이까?

3. 하나님은 생사화복을 주관하시고 형통케 하시고 복을 주시는 분이십니다.

• 신 28:1~15 네가 네 하나님 여호와의 말씀을 삼가 듣고 내가 오늘 네게 명령하는 그의 모든 명령을 지켜 행하면 네 하나님 여호와께서 너를 세계 모든 민족 위에 뛰어나게 하실 것이라. 네가 네 하나님 여호와의 말씀을 청종하면 이 모든 복이 네게 임하며 네게 이르리니 성읍에서도 복을 받고 들에서도 복을 받을 것이며 네 몸의 자녀와 네 토지의 소산과 네 짐승의 새끼와 소와 양의 새끼가 복을 받을 것이며 네 광주리와 떡 반죽 그릇이 복을 받을 것이며 네가 들어와도 복을 받고 나가도 복을 받을 것이니라 여호와께서 너를 대적하기 위해 일어난 적군들을 네 앞에서 패하게 하시리라. 그들이 한 길로 너를 치러 들어왔으나 네 앞에서 일곱 길로 도망하리라 여호와께서 명령하사 네 창고와 네 손으로 하는 모든 일에 복을 내리시고 네 하나님 여호와께서 네게 주시는 땅에서 네게 복을 주실 것이며 여호와께서 네게 맹세하신 대로 너를 세워 자기의 성민이 되게 하시리니 이는 네가 네 하나님 여호와의 명령을 지켜 그 길로 행할 것임이니라. 땅의 모든 백성이 여호와의 이름이 너를 위하여 불리는 것을 보고 너를 두려워하리라. 여호와께서 네게 주리라고 네 조상들에게 맹세하신 땅에서 네게 복을 주사 네 몸의 소생과 가축의 새끼와 토지의 소산을 많게 하시며 여호와께서 너를 위하여 하늘의 아름다운 보고를 여시사 네 땅에 때를 따라 비를 내리시고 네 손으로 하는 모든 일에 복을 주시리니 네가 많은 민족에게 꾸어줄지라도 너는 꾸지 아니할 것이요 여호와께서 너를 머리가 되고 꼬리가 되지 않게 하시며 위에만 있고 아래에 있지 않게 하시리니 오직 너는 내가 오늘 네게 명령하는 네 하나님 여호와의 명령을 듣고 지켜 행하며 내가 오늘 너희에게 명령하는 그 말씀을 떠나 좌로나 우로나 치우치지 아니하고 다른 신을 따라 섬기지 아니하면 이와 같으리

라. 네가 만일 네 하나님 여호와의 말씀을 순종하지 아니하여 내가 오늘 네게 명령하는 그의 모든 명령과 규례를 지켜 행하지 아니하면 이 모든 저주가 네게 임하며 네게 이를 것이니

• 신 30:15~16 보라 내가 오늘 생명과 복과 사망과 화를 네 앞에 두었나니 곧 내가 오늘 네게 명령하여 네 하나님 여호와를 사랑하고 그 모든 길로 행하며 그의 명령과 규례와 법도를 지키라 하는 것이라. 그리하면 네가 생존하며 번성할 것이요 또 네 하나님 여호와께서 네가 가서 차지할 땅에서 네게 복을 주실 것임이니라.

• 삼상 2:6~10 여호와는 죽이기도 하시고 살리기도 하시며 스올에 내리게도 하시고 거기에서 올리기도 하시는도다 여호와는 가난하게도 하시고 부하게도 하시며 낮추기도 하시고 높이기도 하시는도다 가난한 자를 진토에서 일으키시며 빈궁한 자를 거름더미에서 올리사 귀족들과 함께 앉게 하시며 영광의 자리를 차지하게 하시는도다 땅의 기둥들은 여호와의 것이라 여호와께서 세계를 그것들 위에 세우셨도다 그가 그의 거룩한 자들의 발을 지키실 것이요 악인들을 흑암 중에서 잠잠하게 하시리니 힘으로는 이길 사람이 없음이로다 여호와를 대적하는 자는 산산이 깨어질 것이라 하늘에서 우레로 그들을 치시리로다 여호와께서 땅 끝까지 심판을 내리시고 자기 왕에게 힘을 주시며 자기의 기름 부음을 받은 자의 뿔을 높이시리로다 하니라

• 시 1:1-3 복 있는 사람은 악인들의 꾀를 따르지 아니하며 죄인들의 길에 서지 아니하며 오만한 자들의 자리에 앉지 아니하고 오직 여호와의 율법을 즐거워하며 그의 율법을 주야로 묵상하는 자로다. 그는 시냇가에

심은 나무가 철을 따라 열매를 맺으며 그 잎사귀가 마르지 아니함 같으니 그가 하는 모든 일이 다 형통하리로다.

- 렘 17:7-8 무릇 여호와를 의지하며 여호와를 의뢰하는 그 사람은 복을 받을 것이라 그는 물가에 심어진 나무가 그 뿌리를 강변에 뻗치고 더위가 올지라도 두려워하지 아니하며 그 잎이 청청하며 가무는 해에도 걱정이 없고 결실이 그치지 아니함 같으리라.
- 롬 4:17 기록된 바 내가 너를 많은 민족의 조상으로 세웠다 하심과 같으니 그가 믿은 바 하나님은 죽은 자를 살리시며 없는 것을 있는 것으로 부르시는 이시니라.

4. 하나님은 나의 반석, 피난처와 산성과 방패와 구원자, 돕는 자, 빛, 진리, 말씀이십니다.

- 시 18:1~3 나의 힘이신 여호와여 내가 주를 사랑하나이다 여호와는 나의 반석이시요 나의 요새시요 나를 건지시는 이시요 나의 하나님이시요 내가 그 안에 피할 나의 바위시요 나의 방패시요 나의 구원의 뿔 이시요 나의 산성이시로다 내가 찬송 받으실 여호와께 아뢰리니 내 원수들에게서 구원을 얻으리로다.
- 시 144:1-2 나의 반석이신 여호와를 찬송하리로다. 그가 내 손을 가르쳐 싸우게 하시며 손가락을 가르쳐 전쟁하게 하시는도다. 여호와는 나의 사랑이시요 나의 요새이시요 나의 산성이시오 나를 건지시는 이시요 나의 방패이시니 내가 그에게 피하였고 그가 내 백성을 내게 복종하게 하셨나이다.

• 시 121:1-8 내가 산을 향하여 눈을 들리라 나의 도움이 어디서 올까 나의 도움은 천지를 지으신 여호와에게서 로다 여호와께서 너를 실족하지 아니하게 하시며 너를 지키시는 이가 졸지 아니하시리로다. 이스라엘을 지키시는 이는 졸지도 아니하시고 주무시지도 아니하시리로다. 여호와는 너를 지키시는 이시라 여호와께서 네 오른쪽에서 네 그늘이 되시나니 낮의 해가 너를 상하게 하지 아니하며 밤의 달도 너를 해치지 아니하리로다. 여호와께서 너를 지켜 모든 환난을 면하게 하시며 또 네 영혼을 지키시리로다 여호와께서 너의 출입을 지금부터 영원까지 지키시리로다.

• 시 27:1 여호와는 나의 빛이요 나의 구원이시니 내가 누구를 두려워하리요 여호와는 내 생명의 능력이시니 내가 누구를 무서워 하리요.

• 사 65:16 이러므로 땅에서 자기를 위하여 복을 구하는 자는 진리의 하나님을 향하여 복을 구할 것이요.

• 요일 1:5 곧 하나님은 빛이시라 그에게는 어둠이 조금도 없으시다는 것이니라.

• 요 1:1 태초에 말씀이 계시니라, 말씀이 하나님과 함께 계셨으니 이 말씀은 곧 하나님이시라.

5. 하나님은 모든 죄를 사하시며 모든 병을 고치시는 분이십니다.

• 시 103:3~5 그가 네 모든 죄악을 사하시며 네 모든 병을 고치시며 네 생명을 파멸에서 속량하시고 인자와 긍휼로 관을 씌우시며 좋은 것으로 네 소원을 만족하게 하사 네 청춘을 독수리 같이 새롭게 하시는도다.

- 출 15:26 이르시되 너희가 너희 하나님 나 여호와의 말을 들어 순종하고 내가 보기에 의를 행하며 내 계명에 귀를 기울이며 내 모든 규례를 지키면 내가 애굽 사람에게 내린 모든 질병 중 하나도 너희에게 내리지 아니하리니 나는 너희를 치료하는 여호와임이라.
- 말 4:2 내 이름을 경외하는 너희에게는 공의로운 해가 떠올라서 치료하는 광선을 비추리니 너희가 나가서 외양간에서 나온 송아지 같이 뛰리라.

6. 하나님은 우리와 함께 하시고, 목자시고, 인도하시고, 굳세게 하시고, 도우시고, 붙들어주시는 분이십니다.

- 출 13:21-22 여호와께서 그들 앞에서 가시며 낮에는 구름 기둥으로 그들의 길을 인도하시고 밤에는 불기둥을 그들에게 비추사 낮이나 밤이나 진행하게 하시니 낮에는 구름 기둥, 밤에는 불기둥이 백성 앞에서 떠나지 아니하니라.
- 신 26:8 여호와께서 강한 손과 편 팔과 큰 위엄과 이적과 기사로 우리를 애굽에서 인도하여 내시고.
- 수 1:9 내가 네게 명령한 것이 아니냐 강하고 담대하라 두려워하지 말며 놀라지 말라 네가 어디로 가든지 네 하나님 여호와가 너와 함께 하느니라 하시니라.
- 시 23:1~6 여호와는 나의 목자시니 내게 부족함이 없으리로다 그가 나를 푸른 풀밭에 누이시며 쉴만한 물가로 인도하시는 도다 내 영혼을

소생시키시고 자기 이름을 위하여 의의 길로 인도하시는 도다 내가 사망의 음침한 골짜기로 다닐지라도 해를 두려워하지 않을 것은 주께서 나와 함께 하심이라 주의 지팡이와 막대기가 나를 안위 하시나이다 주께서 내 원수의 목전에서 내게 상을 차려 주시고 기름을 내 머리에 부으셨으니 내 잔이 넘치나이다 내 평생에 선하심과 인자하심이 반드시 나를 따르리니 내가 여호와의 집에 영원히 살리로다.

- 시 91:11 그가 너를 위하여 그의 천사들을 명령하사 네 모든 길에서 너를 지키게 하심이라.
- 사 41:10 두려워하지 말라 내가 너와 함께 함이라 놀라지 말라 나는 네 하나님이 됨이라 내가 너를 굳세게 하리라 참으로 너를 도와주리라 참으로 나의 의로운 오른손으로 너를 붙들리라.
- 잠 16:9 사람이 마음으로 자기의 길을 계획할지라도 그의 걸음을 인도하시는 이는 여호와시니라.

7. 하나님은 사랑이시며, 나를 사랑하시고 내 안에도 계신 분이십니다.

- 요 3:16 하나님이 세상을 이처럼 사랑하사 독생자를 주셨으니 이는 그를 믿는 자마다 멸망하지 않고 영생을 얻게 하려 하심이라.
- 롬 5:8 우리가 아직 죄인 되었을 때에 그리스도께서 우리를 위하여 죽으심으로 하나님께서 우리에 대한 자기의 사랑을 확증 하셨느니라.
- 요일 4:8 사랑하지 아니하는 자는 하나님을 알지 못하나니 이는 하나님은 사랑이심이라.

• 요일 4:16 하나님이 우리를 사랑하시는 사랑을 우리가 알고 믿었노니 하나님은 사랑이시라 사랑 안에 거하는 자는 하나님 안에 거하고 하나님도 그의 안에 거하시느니라.

8. 하나님은 나의 아버지시며 찬송과 영광을 받으시는 분이십니다.

• 갈 4:6 너희가 아들이므로 하나님이 그 아들의 영을 우리 마음 가운데 보내사 아빠 아버지라 부르게 하셨느니라.
• 고후 1:3 찬송하리로다 그는 우리 주 예수 그리스도의 하나님이시요 자비의 아버지시요 모든 위로의 하나님이시며.
• 계 7:12 이르되 아멘 찬송과 영광과 지혜와 감사와 존귀와 권능과 힘이 우리 하나님께 세세토록 있을지어다 아멘 하더라.

9. 하나님은 나에게 새 힘과 은혜와 평강을 주시는 분이십니다.

• 사 40:31 오직 여호와를 앙망하는 자는 새 힘을 얻으리니 독수리가 날개 치며 올라감 같을 것이요 달음박질하여도 곤비하지 아니하겠고 걸어가도 피곤하지 아니하리로다.
• 출 15:2 여호와는 나의 힘이요 노래시며 나의 구원이시로다 그는 나의 하나님이시니 내가 그를 찬송할 것이요 내 아버지의 하나님이시니 내가 그를 높이리로다.
• 합 3:19 주 여호와는 나의 힘이시라 나의 발을 사슴과 같게 하사 나를 나의 높은 곳으로 다니게 하시리로다 이 노래는 지휘하는 사람을 위

하여 내 수금에 맞춘 것이니라.

- 민 6:25-26 여호와는 그의 얼굴을 네게 비추사 은혜 베푸시기를 원하며 여호와는 그 얼굴을 네게로 향하여 드사 평강주시기를 원하노라 할지니라.

10. 하나님은 소멸하는 불이시고 심판하시는 분이십니다.

- 히 12:29 우리 하나님은 소멸하는 불이심이라.
- 전 3:17 내가 내 마음속으로 이르기를 의인과 악인을 하나님이 심판하시리니 이는 모든 소망하는 일과 모든 행사에 때가 있음이라 하였으며.
- 전 12:13,14 일의 결국을 다 들었으니 하나님을 경외하고 그의 명령들을 지킬지어다. 이것이 모든 사람의 본분이니라 하나님은 모든 행위와 모든 은밀한 일을 선악 간에 심판하시리라.
- 렘 17:10 나 여호와는 심장을 살피며 폐부를 시험하고 각각 그의 행위와 그의 행실대로 보응하나니.
- 시 1:5 그러므로 악인들은 심판을 견디지 못하며 죄인들이 의인들의 모임에 들지 못하리로다.

하나님께 대한 감사기도

✝ 하나님은 천지만물을 만드신 창조주이심을 믿고 감사드리며 찬양합니다.

✝ 하나님은 인간을 하나님의 형상대로 창조하셨사오니 감사와 찬양을 드립니다,

✝ 하나님은 전지전능하시고 무소부재하신 것을 믿고 감사와 찬양을 드립니다.

✝ 하나님은 모든 피조물을 다스리시는 만왕의 왕이시며 만주의 주인이심을 믿고 감사와 찬양을 드립니다.

✝ 하나님은 내 인생의 생사화복을 주관하시며 만복의 근원이시요 내 생명의 근원이심을 믿고 감사와 찬양을 드립니다.

✝ 하나님은 나의 반석이시며 피난처이시며 산성과 방패이심을 믿고 감사와 찬양을 드립니다.

✝ 하나님은 나의 구원자시요 보호자시요 인도자시며 목자이시며 돕는 자이심을 믿고 감사와 찬양을 드립니다.

✝ 하나님은 마귀의 권세와 어둠을 몰아내시는 능력이시오 참 빛이심을 믿고 감사와 찬양을 드립니다.

✝ 하나님은 나와 항상 함께 하셔서 환난에서 건져주시고 새 힘을 주시고 날 사랑하시는 나의 구원자가 되셨사오니 감사와 찬송을 드립니다.

✝ 하나님은 나의 모든 죄를 용서하시며 나의 모든 병을 고쳐주시는 분임을 믿고 감사와 찬양을 드립니다.

✝ 하나님은 죄인을 심판하시는 분임을 믿고 존귀와 찬양과 영광을 돌

럽니다.

✝ 하나님 여호와의 말씀을 듣고 모든 명령을 지켜 행하는 자에게 세계 모든 민족 위에 뛰어나게 하심을 감사드립니다.

✝ 하나님 여호와의 말씀을 청종하면 성읍에서도 들에서도 복을 받고 자녀와 토지의 소산과 짐승의 새끼와 소와 양의 새끼가 복을 받고, 광주리와 떡 반죽 그릇이 복을 받고 들어와도 나가도 복을 받게 하심을 감사드립니다.

✝ 나의 창고와 내 손으로 하는 모든 일에 복을 내리시고 자기의 성민이 되게 하시니 감사와 찬양을 드립니다.

✝ 적군들을 내 앞에서 파하게 하시며 나를 치러 한 길로 들어왔으나 일곱 길로 도망하게 하시니 감사와 찬양을 드립니다.

✝ 여호와께서 나를 위하여 하늘의 아름다운 보고를 여시고 땅에 때를 따라 비를 내리시니 감사와 찬양을 드립니다.

✝ 내 손으로 하는 모든 일에 복을 주셔서 많은 민족에게 꾸어줄지라도 꾸지 아니하게 하시니 감사와 찬송을 드립니다.

✝ 성경말씀을 주야로 묵상함으로써 악인과 죄인과 오만한 자를 따르지 않게 하시고, 복 있는 사람이 되어서 철따라 열매 맺게 하시오니 감사와 찬송을 드립니다.

✝ 생명의 말씀을 들을 때에 깨닫는 자에게 그 말씀을 순종할 수 있는 옥토가 되어 100배, 60배, 30배 열매를 맺게 하시오니 감사와 찬송을 드립니다.

✝ 여호와를 경외하는 것이 지식의 근본이요 지혜의 근본임을 알게 하시고 명철의 말씀을 깨닫게 하며 지혜롭게 공의롭게 정의롭게 정직하게 행

할 일에 대하여 훈계하여 주시오니 감사와 찬양을 드립니다.

✝ 하나님을 경외하고 그의 명령을 지키는 것이 모든 사람의 본분임을 가르쳐주시고 모든 행위를 선악 간에 심판하시오니 감사와 찬송을 드립니다.

✝ 여호와는 나의 목자가 되셔서 내게 부족함이 없게 하시며 나를 푸른 풀밭으로 쉴만한 물가로 인도하시오니 감사와 찬송을 드립니다.

✝ 하나님은 내 영혼을 소생시키시고 자기 이름을 위하여 의의 길로 인도하여 주시오니 감사와 찬송을 드립니다.

✝ 하나님은 내가 사망의 음침한 골짜기로 다닐지라도 나와 함께 하시며 주의 지팡이와 막대기로 안위하셔서 두려워하지 않게 하시니 감사와 찬양을 드립니다.

✝ 하나님은 내 원수의 목전에서 상을 차려주시고 내 머리에 기름을 부으시고 내 잔이 넘치게 하시니 감사와 찬송을 드립니다.

✝ 하나님은 내 평생에 선하심과 인자하심이 반드시 따르게 하시고 여호와의 집에 영원히 살게 하시니 감사와 찬송을 드립니다.

✝ 하나님은 나와 함께 하셔서 두려워하지 않게 하시고 놀라지 않게 하시고 굳세게 하시고 나를 도와주시고 하나님의 의로운 오른손으로 붙들어 주시오니 감사와 찬송을 드립니다.

✝ 여호와를 앙망하는 자에게 새 힘을 주시고, 달음박질 하여도 곤비치 않고 걸어가도 피곤치 않게 하시니 감사와 찬송을 드립니다.

✝ 하나님은 나에게 계명을 주셔서 우상을 버리게 하시고 하나님만을 섬기게 하시오니 감사와 찬송을 드립니다.

✝ 하나님은 이 세상에 독생자 예수님을 보내셔서 예수님을 믿는 자마

다 멸망치 않고 영생을 얻게 하셨으니 감사와 찬송을 드립니다.

  † 하나님은 아들의 영을 내 마음속에 보내셔서 하나님을 아빠 아버지라 부르게 하시오니 감사와 찬송을 드립니다.

  † 하나님은 성경 말씀을 주셔서 나의 인생길에 등불이 되게 하셨고 그 말씀을 불기둥과 구름기둥으로 삼으시고 인도하여 주시오니 감사와 찬송을 드립니다.

  † 하나님은 성령으로 내 마음 속에 들어오셔서 영원히 함께 계시고 해와 달이 상치 않기 하시고 나의 출입을 항상 지켜 주시오니 감사와 찬송을 드립니다.

  † 하나님은 내가 환란과 시련 중에도 부르짖어 기도하게 하시고 인내와 연단의 은혜를 주시고 피할 길도 열어 주시오니 감사와 찬송을 드립니다.

  † 하나님은 나를 산제물 되게 하시고 나의 예배와 찬양과 기도와 헌신을 받으시고 기뻐하시고 영광으로 받아주시니 더욱 감사와 찬송을 드립니다.

  † 하나님은 하나님의 선하시고 기뻐하시는 뜻이 무엇인지를 말씀으로 알게 하시고 깨닫게 하시도 행하게 하시오니 감사와 찬송을 드립니다.

(사랑, 화평, 기쁨, 인내, 자비, 양선, 온유, 충성, 절제, 범사에 감사, 쉬지 않고 기도, 겸손, 용서, 믿음, 순종, 의로움, 진실함 희생, 섬김, 근면, 거룩(성결), 전도, 구제 부모공경, 예배 찬양, 정성, 순교)

  † 여호와의 말을 순종하고 의를 행하며 계명과 규례를 지키면 애굽에 내린 질병 중 하나도 내리지 아니하며 우리를 치료하시는 여호와가 되어 주시오니 감사와 찬송을 드립니다.

✝ 하나님의 법과 명령을 지키면 장수하게 하시고 평강을 더하여 주시고 여호와를 경외하며 악을 떠나면 몸에 양약이 되어 골수를 윤택케 하시오니 감사와 찬송을 드립니다.

✝ 마음에 즐거움은 양약이 되게 하시고 심령의 근심은 뼈를 마르게 하시오니 감사와 찬송을 드립니다.

✝ 주의 말씀이 내 발에 등이요 내 길에 빛이 되게 하시오니 감사와 찬송을 드립니다.

✝ 무릇 여호와를 의지하며 여호와를 의뢰하는 그 사람은 복을 받을 것이라 그는 물가에 심어진 나무가 그 뿌리를 강변에 뻗치고 더위가 올라올지라도 두려워하지 아니하며 그 잎이 청청하며 가무는 해에도 걱정이 없고 결실이 그치지 아니함 같으니라고 복된 말씀을 주시오니 감사와 찬송을 드립니다.

✝ 만물보다 거짓되고 심히 부패한 것은 마음이라 누가 능히 이를 알리요마는 여호와는 심장을 살피며 폐부를 시험하고 각각 그의 행위와 그의 행실대로 보응하시는 하나님의 뜻을 알게 하시오니 감사와 찬송을 드립니다.

✝ 악한 자의 집은 망하게 하시고 정직한 자의 장막은 흥하게 하시는 하나님의 뜻을 알게 하시오니 감사와 찬송을 드립니다.

짧은 예화

영국이 낳은 청교도 신앙가 존 번연 목사님이 국왕의 명을 어긴 죄로 감옥에 갇혔던 일이 있었습니다. 어느 날 옥사장이 번연 목사님께 윗사람 모르게 옥문을 열어 주면서 집에 가셔서 사모님과 식구들을 잠깐 뵙고 오시라고 하였습니다.

얼마쯤 가다가 목사님이 되돌아오기에 왜 오셨냐고 묻는 옥사장에게 목사님은 이렇게 말했습니다.

"당신의 호의는 고마우나 성령이 인도하시는 길이 아니라서 돌아왔습니다."

그로부터 한 시간 후에 이 나라 국왕이 직접 감옥을 시찰하면서 존 번연 목사님을 확인하고 돌아갔습니다.

이때 옥사장은 다음과 같이 말했습니다.

"목사님께서 성령의 인도하심을 따라 행동하셨기에 목사님도 살고 나도 살았습니다. 이제 제가 언제 목사님께 가시라 오시라 하지 않을 테니까, 목사님의 마음에 비쳐오는 성령의 인도하심을 따라 가시고 싶을 때 가셨다가 오시고 싶을 때 오시기 바랍니다."

33. 예수님은 어떤 분이신가?

예수님에 대한 성경구절

☆중요한 구절은 암송합니다.
☆말씀에 대한 믿음과 순종이 부족한 점을 회개하면서 묵상합니다

1. 내 안에 계신 예수님은 나의 길, 진리, 생명, 선한목자이십니다.

- 요 1:4 그 안에 생명이 있었으니 이 생명은 사람들의 빛이라.
- 요 14:6 예수께서 이르시되 내가 곧 길이요 진리요 생명이니 나로 말미암지 않고는 아버지께로 올 자가 없느니라.
- 요 10:10~11 도둑이 오는 것은 도둑질하고 죽이고 멸망시키려는 것뿐이요 내가 온 것은 양으로 생명을 얻게 하고 더 풍성히 얻게 하려는 것

이라 나는 선한 목자라 선한 목자는 양들을 위하여 목숨을 버리거니와.

2. 예수님은 하나님의 아들, 독생자, 구주, 만왕의 왕, 만주의 주, 대제사장이십니다.

- 막 1:1 하나님의 아들 예수 그리스도의 복음의 시작이라.
- 눅 2:11 오늘 다윗동네에 너희를 위하여 구주가 나셨으니 곧 그리스도 주시니라.
- 요 3:16 하나님이 세상을 이처럼 사랑하사 독생자를 주셨으니.
- 행 5:31 이스라엘에게 회개함과 죄 사함을 주시려고 그를 오른손으로 높이사 임금과 구주로 삼으셨느니라.
- 계 17:14 그들이 어린 양과 더불어 싸우려니와 어린 양은 만주의 주시요 만왕의 왕이시므로 그들을 이기실 터이요 또 그와 함께 있는 자들 곧 부르심을 받고 택하심을 받은 진실한 자들도 이기리로다
- 요 18:37 예수께서 대답하시되 네 말과 같이 내가 왕이니라
- 히 3:1 대제사장이신 예수를 깊이 생각하라
- 히 4:14 우리에게 큰 대제사장이 계시니 승천하신 이 곧 하나님의 아들 예수시라
- 히 7:20~26 또 예수께서 제사장이 되신 것은 맹세 없이 된 것이 아니니, 이러한 대제사장은 우리에게 합당하니 거룩하고 악이 없고 더러움이 없고 죄인에게서 떠나 계시고 하늘보다 높이 되신 이라.

3. 예수님은 채찍에 맞으셨고 십자가에 죽으심으로 질병과 죄악과 가

난과 저주를 대속하신 구원자(그리스도, 메시야)이십니다.

- 사 53:5 그가 찔림은 우리의 허물 때문이요 그가 상함은 우리의 죄악 때문이라 그가 징계를 받으므로 우리는 평화를 누리고 그가 채찍에 맞으므로 우리는 나음을 받았도다
- 마 8:17 이는 선지자 이사야를 통하여 하신 말씀에 우리의 연약한 것을 친히 담당하시고 병을 짊어 지셨도다 함을 이루려 하심이더라
- 벧전 2:24 친히 나무에 달려 그 몸으로 우리 죄를 담당하셨으니 이는 우리로 죄에 대하여 죽고 의에 대하여 살게 하려 하심이라 그가 채찍에 맞음으로 너희는 나음을 얻었나니
- 갈 3:13 그리스도께서 우리를 위하여 저주를 받은바 되사 율법의 저주에서 우리를 속량하셨으니 기록된바 나무에 달린 자마다 저주 아래에 있는 자라 하였음이라
- 고후 8:9 우리 주 예수 그리스도의 은혜를 너희가 알거니와 부요하신 이로써 너희를 위하여 가난하게 되심은 그의 가난함으로 말미암아 너희를 부요하게 하려 하심이라

4. 예수님은 사망권세 이기시고 부활하신 부활의 주님이십니다.

- 요 11:25~26 나는 부활이요 생명이니 나를 믿는 자는 죽어도 살겠고 무릇 살아서 나를 믿는 자는 영원히 죽지 아니하리니 이것을 네가 믿느냐
- 고전 15:20 그러나 이제 그리스도께서 죽은 자 가운데서 다시 살아

나사 잠자는 자들의 첫 열매가 되셨도다

• 롬 14:9 이를 위하여 그리스도께서 죽었다가 다시 살아나셨으니 곧 죽은 자와 산 자의 주가 되려 하심이라

• 계 1:18 곧 살아 있는 자라 내가 전에 죽었었노라 볼지어다 이제 세세토록 살아 있어 사망과 음부의 열쇠를 가졌노니

• 요일 3:8 하나님의 아들이 나타나신 것은 마귀의 일을 멸하려 하심이라

5. 예수님은 내 맘속에 들어와 계신 내 주인이십니다.

• 갈 2:20 내가 그리스도와 함께 십자가에 못 박혔나니 그런즉 이제는 내가 사는 것이 아니요 오직 내 안에 그리스도께서 사시는 것이라 이제 내가 육체 가운데 사는 것은 나를 사랑하사 나를 위하여 자기 자신을 버리신 하나님의 아들을 믿는 믿음 안에서 사는 것이라

• 엡 3:17 믿음으로 말미암아 그리스도께서 너희 마음에 계시게 하시옵고 너희가 사랑 가운데서 뿌리가 박히고 터가 굳어져서

• 고후 13:5 너희는 믿음 안에 있는가 너희 자신을 시험하고 너희 자신을 확증하라 예수 그리스도께서 너희 안에 계신 줄을 너희가 스스로 알지 못하느냐 그렇지 않으면 너희는 버림 받은 자니라

• 요 14:20 그 날에는 내가 아버지 안에, 너희가 내 안에, 내가 너희 안에 있는 것을 너희가 알리라

• 요 15:5 나는 포도나무요 너희는 가지라 그가 내 안에, 내가 그 안에 거하면 사람이 열매를 많이 맺나니 나를 떠나서는 너희가 아무 것도

할 수 없음이라

• 롬 14:8 우리가 살아도 주를 위하여 살고 죽어도 주를 위하여 죽나니 그러므로 사나 죽으나 우리가 주의 것이로다

6. 예수님은 영원토록 함께 계셔서 나와 동행동거, 대언자(보혜사) 이십니다.

• 마 1:23 보라 처녀가 잉태하여 아들을 낳을 것이요 그의 이름은 임마누엘이라 하리라 하셨으니 이를 번역한즉 하나님이 우리와 함께 계시다 함이라

• 마 28:20 내가 너희에게 분부한 모든 것을 가르쳐 지키게 하라 볼지어다 내가 세상 끝날까지 너희와 항상 함께 있으리라 하시니라

• 계 3:20 볼지어다 내가 문 밖에 서서 두드리노니 누구든지 내 음성을 듣고 문을 열면 내가 그에게로 들어가 그와 더불어 먹고 그는 나와 더불어 먹으리라

• 요일 2:1 나의 자녀들아 내가 이것을 너희에게 씀은 너희로 죄를 범하지 않게 하려 함이라. 만일 누가 죄를 범하여도 아버지 앞에서 우리에게 대언자가 있으니 곧 의로우신 예수 그리스도시라

7. 예수님은 어두움을 몰아내시는 빛이십니다.

• 요 1:4~9 그 안에 생명이 있었으니 이 생명은 사람들의 빛이라 참 빛 곧 세상에 와서 각 사람에게 비추는 빛이 있었나니

- 요 8:12 예수께서 또 말씀하여 이르시되 나는 세상의 빛이니 나를 따르는 자는 어둠에 다니지 아니하고 생명의 빛을 얻으리라

8. 예수님은 전지전능하신 창조자, 말씀, 기묘자, 모사, 하나님, 영생, 평강의 왕, 모든 권세를 가지신 분이십니다.

- 요 1:14 말씀이 육신이 되어 우리 가운데 거하시매 우리가 그의 영광을 보니 아버지의 독생자의 영광이요 은혜와 진리가 충만하더라
- 마 28:18 예수께서 나아와 말씀하여 이르시되 하늘과 땅의 모든 권세를 내게 주셨으니
- 요 20:28 나의 주님이시여 나의 하나님 이시니이다
- 사 9:6 이는 한 아기가 우리에게 났고 한 아들을 우리에게 주신 바 되었는데 그의 어깨에는 정사를 메었고 그의 이름은 기묘자라, 모사라, 전능하신 하나님이라 영존하시는 아버지라 평강의 왕이라 할 것임이라
- 요일 5:20 그는 참 하나님이시요 영생이시라

9. 예수님은 믿는 자에게 하나님의 자녀권세, 표적, 축귀, 치유, 전도의 권능을 주시는 분이십니다.

- 요 1:12 영접하는 자 그 이름을 믿는 자에게 하나님의 자녀가 되는 권세를 주셨으니
- 막 3:15 귀신을 내쫓는 권능도 가지게 하려 하심이러라
- 막 16:17~18 믿는 자들에게는 이런 표적이 따르리니 곧 그들이 내

이름으로 귀신을 쫓아내며 새 방언을 말하며 뱀을 집어올리며 무슨 독을 마실지라도 해를 받지 아니하며 병든 사람에게 손을 얹은즉 나으리라 하시더라

- 마 10:1 예수께서 그의 열두 제자를 부르사 더러운 귀신을 쫓아내며 모든 병과 모든 약한 것을 고치는 권능을 주시니라
- 막 9:23 예수께서 이르시되 할 수 있거든이 무슨 말이냐 믿는 자에게는 능히 하지 못할 일이 없느니라 하시니
- 막 11:22~23 예수께서 그들에게 대답하여 이르시되 하나님을 믿으라 내가 진실로 너희에게 이르노니 누구든지 이 산더러 들리어 바다에 던져지라 하며 그 말하는 것이 이루어질 줄 믿고 마음에 의심하지 아니하면 그대로 되리라

10. 예수님은 재림하셔서 심판하실 분이시며 능력과 부와 지혜와 힘과 존귀와 영광과 찬송 받으시기에 합당하신 분이십니다.

- 마 3:12 손에 키를 들고 자기의 타작마당을 정하게 하사 알곡은 모아 곳간에 들이고 쭉정이는 꺼지지 않는 불에 태우시리라
- 요 5:22 아버지께서 아무도 심판하지 아니하시고 심판을 다 아들에게 맡기셨으니
- 계 22:12 보라 내가 속히 오리니 내가 줄 상이 내게 있어 각 사람에게 그가 행한 대로 갚아 주리라
- 계 5:12 죽임을 당하신 어린양은 능력과 부와 지혜와 힘과 존귀와 영광과 찬송을 받으시기에 합당하도다 하더라

예수님에 대한 감사기도

+ 독생자 예수님을 영접하고 그 이름을 믿는 자에게 하나님의 자녀가 되게 해주시고 구원과 영생을 주시니 감사와 찬송을 드립니다.

+ 예수님은 양의 문이 되셔서 양으로 생명을 얻고 더 풍성히 얻게 해주시니 감사와 찬송을 드립니다.

+ 예수님은 나의 허물 때문에 찔리셨고 나의 죄악 때문에 피 흘려 죽으셨고 나의 질고 때문에 채찍에 맞으셔서 대속해 주신 은혜에 감사와 찬송을 드립니다.

+ 예수님은 나의 길이요 진리요 생명이 되어주셨음을 믿고 감사와 찬송을 드립니다.

+ 예수님은 만왕의 왕이시오 만주의 주이심을 믿고 감사와 찬송을 드립니다.

+ 예수님은 나의 질병과 죄악과 가난과 저주를 십자가에서 대속하신 구주이심을 믿고 감사와 찬송을 드립니다.

+ 예수님은 마귀 권세와 사망 권세를 이기시고 부활하셨으며 믿는 자에게 부활의 소망을 주셨으니 감사와 찬송을 드립니다.

+ 예수님은 그리스도의 영으로 내 마음 속에 들어오셔서 세상 끝날까지 동거 동행하여 주시니 감사와 찬송을 드립니다.

+ 예수님은 마귀의 세력을 멸하러 오셨고 어둠의 세력을 몰아내는 참 빛이심을 믿고 감사와 찬송을 드립니다.

+ 예수님을 믿는 자에게 권능을 주시고 능치 못할 일이 없게 하시며 귀신을 쫓아내고 병을 고치는 권세를 주셔서 감사와 찬송을 드립니다.

✝ 예수님은 곧 재림하셔서 행한 대로 심판하시는 만왕의 왕이심을 믿고 감사와 찬송을 드립니다.

✝ 그리스도 예수 안에 있는 자에게는 결코 정죄함이 없게 하시고 생명의 성령의 법이 죄와 사망의 법에서 나를 해방하여 주시오니 감사와 찬송을 드립니다.

✝ 누구든지 그리스도 안에 있으면 새로운 피조물이 되게 하시오니 감사와 찬송을 드립니다.

✝ 내가 그리스도와 함께 십자가에 못 박혔나니 그런즉 이제는 내가 산 것이 아니요 오직 내안에 그리스도께서 살게 하시오니 감사와 찬송을 드립니다.

✝ 나를 부인하고 날마다 내 십자가를 지고 예수님을 따르라고 가르쳐 주시니 감사와 찬송을 드립니다.

✝ 주 예수를 믿는 자에게 능히 하지 못할 일이 없게 하시고 표적과 기사와 이적을 행하게 하시오니 감사와 찬송을 드립니다.

✝ 내가 예수님 이름으로 무엇이든지 구하면 이루어주신다고 약속하시오니 감사와 찬송을 드립니다.

짧은 예화

아마존 밀림에서 원시 부족을 대상으로 선교하는 한 선교사가 강을 건너가고 있었다.

가슴까지 물이 차는 곳이었는데 급한 일이 있어서 부리나케 강을 건너다가 얼굴이 백지장처럼 창백해지고 말았다.

길이가 10미터가 넘는 거대한 구렁이 아나콘다가 대가리를 물 위로 내놓고 그에게 다가오고 있는 것을 발견했기 때문이었다.

멀리 강둑에서서 그것을 지켜보던 원시부족 사람들은 그 선교사를 비웃었다.

강물 속에서 아나콘다의 밥이 되는 선교사를 하나님이 어떻게 구원하는지 지켜보자고 했다. 대부분의 원시부족 사람들은 그 선교사가 아나콘다의 몸에 휘감겨 질식하게 될 거라고 생각했다.

그 선교사는 틀림없이 큰 구렁이의 먹잇감이 되어 강물 속에서 처참하게 죽임을 당할 거라고 판단했다.

선교사는 강둑 위에 서있는 마을 사람들을 보고 더욱 긴장이 되었다.

만약 자신이 아나콘다의 입안으로 빨려 들어가 구렁이의 밥이 되고 만다면 다른 선교사들이 들어와도 그 마을에 복음을 전하는 일은 거의 불가능해질 것이라는 생각이 들었다.

그래서 그 선교사는 그 자리에서 하나님의 도움을 구하는 능력의 기도를 했다.

"하나님 아나콘다를 멀리 쫓아주시옵소서
원주민들이 그것을 보고 하나님의 살아계심을 믿게 하옵소서."

선교사는 간절한 마음으로 하나님의 도움을 구하는 기도를 한 후에 손가락으로 아나콘다를 가리키며 담대하게 명했다.

"예수님의 이름으로 명합니다. 악하고 더러운 아나콘다야 속히 너희 집으로 돌아가거라."

참으로 신기한 일이었다. 그 선교사의 말이 떨어지자마자 고개를 내밀고 다가오던 아나콘다가 갑자기 고개를 휙 돌리곤 방향을 바꾸었다.

정반대방향으로 그 구렁이는 아득하게 사라져갔다.

그것을 보고 원시부족사람들은 환호성을 질렀다.

그 선교사가 믿는 하나님은 대단한 능력을 가지신 분이라며 서로 수군거렸다. 그 이후로 그 선교사의 교회에는 원시부족사람들이 자발적으로 많이 출석하게 되었다는 흥미로운 얘기다.

34. 성령님은 어떤 분이신가?

성령님에 대한 성경구절

☆중요한 구절은 암송합니다.
☆말씀에 대한 믿음과 순종이 부족한 점을 회개하면서 묵상합니다.

1. 내 안에 계신 성령님은 하나님의 영, 그리스도의 영이십니다.

• 롬 8:9 만일 너희 속에 하나님의 영이 거하시면 너희가 육신에 있지 아니하고 영에 있나니 누구든지 그리스도의 영이 없으면 그리스도의 사람이 아니라.

• 롬 8:14 무릇 하나님의 영으로 인도함을 받는 사람은 곧 하나님의 아들이라.

2. 성령님은 보혜사, 진리의 영, 성결의 영이십니다.

• 요 14:16~26 내가 아버지께 구하겠으니 그가 또 다른 보혜사를 너희에게 주사 영원토록 너희와 함께 있게 하리니,

• 요 15:26 보혜사 곧 아버지께로 나오시는 진리의 성령이 오실 때에 그가 나를 증언하실 것이요.

• 요 16:13 그러나 진리의 성령이 오시면 그가 너희를 모든 진리 가운데로 인도하시리니 그가 스스로 말하지 않고 오직 들은 것을 말하며 장래 일을 너희에게 알리시리라.

• 롬 1:4 성결의 영으로는 죽은 자들 가운데서 부활하사 능력으로 하나님의 아들로 선포되셨으니 곧 우리 주 예수 그리스도시니라.

3. 성령님은 거듭나게 하시고 성령세례와 성령충만을 주십니다.

• 요 3:5 예수께서 대답하시되 진실로 진실로 네게 이르노니 사람이 물과 성령으로 나지 아니하면 하나님의 나라에 들어갈 수 없느니라.

• 행 1:5 요한은 물로 세례를 베풀었으나 너희는 몇 날이 못 되어 성령으로 세례를 받으리라 하셨느니라.

• 마 3:11 그는 성령과 불로 너희에게 세례를 베푸실 것이요.

• 엡 5:18 술 취하지 말라 이는 방탕한 것이니 오직 성령으로 충만함을 받으라.

4. 성령님은 권능과 은사와 열매를 주십니다.

• 행 1:8 오직 성령이 너희에게 임하시면 너희가 권능을 받고 예루살렘과 온 유대와 사마리아와 땅 끝까지 이르러 내 증인이 되리라 하시니라.

• 행 2:4 그들이 다 성령의 충만함을 받고 성령이 말하게 하심을 따라 다른 언어들로 말하기를 시작하니라.

• 행 2:38 베드로가 이르되 너희가 회개하여 각각 예수 그리스도의 이름으로 세례를 받고 죄 사함을 받으라 그리하면 성령의 선물을 받으리니.

• 행 19:6 바울이 그들에게 안수하매 성령이 그들에게 임하시므로 방언도 하고 예언도 하니.

• 고전 12:4~11 은사는 여러 가지나 성령은 같고 직분은 여러 가지나 주는 같으며 또 사역은 여러 가지나 모든 것을 모든 사람 가운데서 이루시는 하나님은 같으니 각 사람에게 성령을 나타내심은 유익하게 하려 하심이라 어떤 사람에게는 성령으로 말미암아 지혜의 말씀을, 어떤 사람에게는 같은 성령을 따라 지식의 말씀을, 다른 사람에게는 같은 성령으로 믿음을, 어떤 사람에게는 한 성령으로 병 고치는 은사를, 어떤 사람에게는 능력 행함을, 어떤 사람에게는 예언함을, 어떤 사람에게는 영들 분별함을, 다른 사람에게는 각종 방언 말함을, 어떤 사람에게는 방언들 통역함을 주시나니 이 모든 일은 같은 한 성령이 행하사 그의 뜻대로 각 사람에게 나누어 주시는 것이니라.

• 갈 5:22~23 오직 성령의 열매는 사랑과 희락과 화평과 오래 참음과 자비와 양선과 충성과 온유와 절제니 이 같은 것을 금지할 법이 없느니라.

5. 성령님은 우리 안에 들어오셔서 영원히 함께 계십니다.

- 요 14:16~17 내가 아버지께 구하겠으니 그가 또 다른 보혜사를 너희에게 주사 영원토록 너희와 함께 있게 하리니 그는 진리의 영이라 세상은 능히 그를 받지 못하나니 이는 그를 보지도 못하고 알지도 못함이라 그러나 너희는 그를 아나니 그는 너희와 함께 거하심이요 또 너희 속에 계시겠음이라.
- 고전 3:16 너희는 너희가 하나님의 성전인 것과 하나님의 성령이 너희 안에 계시는 것을 알지 못하느냐
- 눅 11:13 너희 하늘 아버지께서 구하는 자에게 성령을 주시지 않겠느냐 하시니라.
- 요 20:22 이 말씀을 하시고 그들을 향하사 숨을 내쉬며 이르시되 성령을 받으라.
- 행 2:33 그가 약속하신 성령을 아버지께 받아서 너희가 보고 듣는 이것을 부어주셨느니라
- 행 10:44 베드로가 이 말을 할 때에 성령이 말씀 듣는 모든 사람에게 내려오시니.

6. 성령님은 불, 바람, 비둘기, 기름, 생수같이 임하시는 분이십니다.

- 행 2:1~4 오순절 날이 이미 이르매 그들이 다 같이 한 곳에 모였더니 홀연히 하늘로부터 급하고 강한 바람 같은 소리가 있어 그들이 앉은 온 집에 가득하며 마치 불의 혀처럼 갈라지는 것들이 그들에게 보여 각 사람 위

에 하나씩 임하여 있더니 그들이 다 성령의 충만함을 받고 성령이 말하게 하심을 따라 다른 언어들로 말하기를 시작하니라.

• 마 3:16 예수께서 세례를 받으시고 곧 물에서 올라오실새 하늘이 열리고 하나님의 성령이 비둘기 같이 내려 자기 위에 임하심을 보시더니.

• 요 7:38~39 나를 믿는 자는 성경에 이름과 같이 그 배에서 생수의 강이 흘러나오리라 하시니 이는 그를 믿는 자들이 받을 성령을 가리켜 말씀하신 것이라(예수께서 아직 영광을 받지 않으셨으므로 성령이 아직 그들에게 계시지 아니하시더라).

7. 성령님은 모든 것을 가르치고 생각나게 하시고, 장래 일을 알려주시고, 증거하시는 분이십니다.

• 요 14:26 보혜사 곧 아버지께서 내 이름으로 보내실 성령 그가 너희에게 모든 것을 가르치고 내가 너희에게 말한 모든 것을 생각나게 하리라.

• 요 16:13 그러나 진리의 성령이 오시면 그가 너희를 모든 진리 가운데로 인도하시리니 그가 스스로 말하지 않고 오직 들은 것을 말하며 장래 일을 너희에게 알리시리라.

• 마 10:20 말하는 이는 너희가 아니라 너희 속에서 말씀하시는 이 곧 너희 아버지의 성령이시니라.

• 고전 2:4 내 말과 내 전도함이 설득력 있는 지혜의 말로 하지 아니하고 다만 성령의 나타나심과 능력으로 하여.

• 행 1:8 오직 성령이 너희에게 임하시면 너희가 권능을 받고 예루살렘

과 온 유대와 사마리아와 땅 끝까지 이르러 내 증인이 되리라 하시니라.
- 롬 8:16 성령이 친히 우리 영과 더불어 우리가 하나님의 자녀인 것을 증언하시니.
- 요일 5:6~8 증언하는 이는 성령이시니 성령은 진리니라 증언하는 이가 셋이니 성령과 물과 피라 또한 이 셋은 합하여 하나이니라.

8. 성령님은 죄와 의와 심판에 대하여 세상을 책망하십니다.

- 요 16:8~11 그가 와서 죄에 대하여, 의에 대하여, 심판에 대하여 세상을 책망하시리라 죄에 대하여라 함은 그들이 나를 믿지 아니함이요 의에 대하여라 함은 내가 아버지께로 가니 너희가 다시 나를 보지 못함이요 심판에 대하여라 함은 이 세상 임금이 심판을 받았음이라.

9. 성령님은 마음을 새롭게 거룩하게 하시는 분이십니다.

- 딛 3:5 우리를 구원하시되 우리가 행한 바 의로운 행위로 말미암지 아니하고 오직 그의 긍휼하심을 따라 중생의 씻음과 성령의 새롭게 하심으로 하셨나니.
- 롬 15:16 이 은혜는 곧 나로 이방인을 위하여 그리스도 예수의 일꾼이 되어 하나님의 복음의 제사장 직분을 하게 하사 이방인을 제물로 드리는 것이 성령 안에서 거룩하게 되어 받으실 만하게 하려 하심이라.

10. 성령님은 우리를 위해 중보기도하시는 분이십니다.

• 롬 8:26~27 이와 같이 성령도 우리의 연약함을 도우시나니 우리는 마땅히 기도할 바를 알지 못하나 오직 성령이 말할 수 없는 탄식으로 우리를 위하여 친히 간구하시느니라 마음을 살피시는 이가 성령의 생각을 아시나니 이는 성령이 하나님의 뜻대로 성도를 위하여 간구하심이니라.

성령님에 대한 감사기도

† 보혜사 성령을 보내주셔서 영원토록 나와 함께 동거 동행하여 주심에 감사와 찬송을 드립니다.

† 성령은 하나님의 영, 그리스도의 영으로서 영원하시고 전지전능하심을 믿고 감사와 찬송을 드립니다.

† 성령님은 모든 것을 생각나게 하시고 성령세례를 주시고 성령 충만과 권능을 주시니 감사와 찬송을 드립니다.

† 성령님은 나에게 여러 가지 은사와 아홉 가지 열매를 맺게 해주시니 감사와 찬송을 드립니다.

† 성령님은 나의 마음을 새롭게 하시고 거룩하게 하시오니 감사와 찬송을 드립니다.

† 성령님은 하나님의 뜻대로 나를 위해 친히 간구 해주시니 감사와 찬송을 드립니다.

† 성령님은 불, 바람, 비둘기, 기름, 생수 같이 임하시오니 감사와 찬송을 드립니다.

† 성령님은 나를 진리 가운데로 인도하시고 장래 일을 알려 주시오니 감사와 찬송을 드립니다.

† 성령님은 나에게 임하셔서 땅 끝까지 이르러 복음의 증인되게 하시니 감사와 찬송을 드립니다.

† 성령님은 나의 마음속에 계셔서 내 몸을 성전 되게 하시니 감사와 찬송을 드립니다.

† 성령님은 죄에 대하여 의에 대하여 심판에 대하여 책망하시고 깨닫게 하시니 감사와 찬송을 드립니다.

짧은 예화

옛날 임금이 타는 당나귀가 한 마리가 있었다. 임금이 당나귀를 타고 나라를 한 바퀴 순찰하면 온 국민들이 나와서 왕에게 환호하고 박수갈채를 보낸다.

임금을 등에 태운 나귀는 왕을 태운 역할에 걸맞게 온갖 아름다운장식을 해서 멋지게 보인다.

국민들은 왕과 함께 그 나귀를 향해서도 갈채와 찬사를 보낸다.

이러한 갈채와 환호에 고무된 나귀는 어느 날 왕을 땅에다 내동댕이쳤다.

왜냐하면 국민들의 갈채와 환호를 혼자서 다 받기 위해서였다.

나귀는 왕이 없으면 그 모든 환호와 갈채를 자신이 모두 받을 수 있을 것이라고 착각한 것입니다.

그러나 나귀가 왕을 땅에다 내동댕이치는 순간 나귀에게는 참수형이 내려졌다.

인간은 하나님의 존귀 아래 거하면서 영광을 누린다. 인간이 하나님을 버리면 모든 것으로부터 멀어진다.

하나님이 사라진 세계에는 존귀와 영광이 없다.

35.
회개와 용서하는 방법

먼저 관련성구와 요약훈련 항목을 5번 이상 되새김하면서 말씀에 대한 믿음을 갖도록 훈련한다. 관련 성구에는 죄목이 없는 성구 즉, ~하라고 말씀하신 성구도 많이 수록하였는데 이는 불순종한 것을 깨닫게 하기 위한 것이다.

나는 모태에서부터 죄인으로 태어났으며 자범죄가 있는 죄인임을 인정하고 시인해야 한다.

죄는 하나님께서 순종하라고 명령하신 말씀을 불순종 한 것이며, 하지 말라고 명령하신 말씀을 행한 것이다. 내 죄를 회개하고 용서받고 다른 사람의 죄를 용서해주는 것은 믿음과 함께 구원에 이르는 첫 관문이다. 내 안에 계신 성령께서 말씀에 비추어 지은 죄를 생각나게 하시고 자백하도록 인도해주신다. 회개의 열매를 맺도록 순종해야 한다.

죄는 하나님과 모든 교제의 통로를 방해하고 가로막는다. 기도와

순종과 기쁨과 평화와 사랑의 교제와 예배 등을 방해한다. 마귀로 하여금 손뼉 치게 간드는 것이 죄이다.

죄는 하나님께 대한 불신앙인 것과 다른 사람에 대하여 잘못하는 것과 자신에 대하여 불법을 행하는 것들이다. 죄는 몸과 언행심사와 감정이 총동원되어서 지정의와 육체를 악의 도구로 사용되게 한다 이 죄는 하나님의 말씀에 대한 불순종임으로 하나님께 자백해야 되는 것이며, 하나님께로부터 용서를 받아야 되는 것이다.

타인에게 잘못한 것은 타인에게도 용서를 구하고 화목을 회복해야 한다

죄인에게 회개와 용서는 한량없는 하나님의 은혜이다 회개와 용서가 없는 세상은 지옥일 뿐이다. 곡식은 농부가 정성껏 가꾸어야 열매를 맺게 되고 잡초는 가꾸지 않아도 잘 자라는 것처럼 의와 사랑의 인격은 정성이 있어야 열매를 맺으며 죄성의 인격은 가꾸지 않아도 잘 자라난다.

죄는 사람을 저주와 사망에 이르게 하며, 사람에게서 사랑과 기쁨과 평강과 감사와 행복과 영생과 구원을 빼앗아간다.

죄는 영혼 육을 병들게 하고 생명을 죽이는 독성이 있는 독약이다. 우리가 어떤 그릇을 사용하고자 할 때 그 그릇을 깨끗하게 씻어서 사용하듯이 우리의 몸과 마음이라는 그릇도 늘 깨끗하게 씻어야 주님이 사용하실 수 있는 것이다.

죄로 중독되었고, 더럽혀진 영혼 육을 깨끗케 해독시키는 방법이 회개와 용서이다.

믿음과 회개는 불가분의 관계이며 천국에 들어가는 지름길이다. 마귀의 세력을 제일 빨리 드망가게 하는 무기이다.

회개의 문을 통과해야 성령 충만과 순종의 단계로 들어갈 수 있다.

특히 선천적인 죄악된 기질과 후천적인 자범죄와 관계된 죄성을 발견하고 회개해야 되며 보혈의 권세를 통해서 죄성들을 예수님의 이름으로 잘라 버려야 한다.

죄는 구체적으로 육하원칙에 따라서 애통하는 맘으로 개별적으로 회개해야 한다. 어두운 심사 언행, 분노, 원망, 불평, 흉보기 등 50여 가지 죄성을 따라서 행한 것들을 구체적으로 개별적으로 회개한다. 주님의 기준은 우리에게 100%의 온전한 순종을 원하신다. 그러나 우리는 모든 것에 부족한 죄인이다. 그러므로 100%에 미달된 부분 즉. 빛의 열매와 성령의 열매가 부족한 부분 그리고 긍정적인 계명, 즉 ~하라고 하신 말씀에 불순종한 부분까지 자백한다. 결국은 안심하라 네 죄사함을 받았느니라는 주님의 은혜가 임한다.

이 훈련은 영적전투훈련이므로 평생 동안 날마다 해야 한다

죄인의 고백기도 예문

1. 나는 하나님을 전지전능하신 분이시고 나와 함께 계시고 나에게 복의 근원이시고 보호하시고 도우시고 힘을 주시고 은혜와 사랑이 많으신 분이라고 믿는다고 고백은 하면서도 나의 언행심사는 불순종하고 불안해하고 걱정하고 염려하며 생활하고 있는 믿음이 부족한 죄인입니다.

2. 예수님은 이 세상에 구주로 오셔서 내 모든 죄악과 내 모든 질병과 가난과 저주와 마귀의 세력을 멸하셨고 죽으셨다가 부활하셨고 다시 오신다고 하신 약속을 믿는다고 고백은 하면서도 생활 속에서는 여전히 감사와 찬양과 기쁨이 부족한 모습으로 고통을 짊어지고 사는 믿음이 부족한 죄인입니다.

3. 나는 하나님을 믿고 사랑한다고 고백하면서도 하나님의 말씀을 잘 지키지 못하고 사랑하지 못하는 죄인입니다.

4. 나는 육체의 욕심대로 세상적인 것을 요구하는 기도는 잘 하면서도 하나님이 원하시는 뜻대로 천국의 보화를 구하는 기도를 행하지 못하는 믿음이 부족한 죄인입니다.

5. 나는 하나님을 아버지라고 부르면서 아버지의 말씀을 듣지 않는 불효한 죄인입니다.

6. 나는 하나님과 예수님과 성령님을 마음속에 모시고 있다고 고백하면서도 주님의 마음과 뜻과 성품대로 살지 못하며 성령의 열매가 부족한 죄인입니다.

7. 나는 하나님의 십계명과 새계명을 지키겠다고 아멘하면서 온전하게 지키지 못하고 행함이 부족한 죄인입니다.

8. 나는 천국에 가고 싶어 하고, 소망은 있으면서도 천국 법대로 안 지키고 이세상의 전통과 우상숭배 사상과 미신문화와 귀신문화를 버리지 못하는 죄인입니다.

9. 내가 자녀들, 타인과 어린아이들에게는 예수님을 믿고 말씀대로 순종하라고 가르치면서도 나는 그렇게 살지 못하는 죄인입니다.

10. 내입으로는 찬송과 기도를 하면서도 그 입으로 더럽고 추악한 말을 쏟아내는 죄인입니다.

11. 나는 이웃과 남편과 아내를 내 몸처럼 사랑하라는 말씀에 아멘하고서도 그렇게 사랑하지 못하는 죄인입니다.

12. 내 맘속에 세상 지식과 세상 문화와 세상 정보는 많이 가지려고 하면서도 영생의 말씀과 천국에 대한 지식과 정보에는 관심이 적은 죄인입니다.

13. 나는 세상적인 지혜와 이기적은 욕심은 많이 있지만, 이타적인 지혜와 사랑과 배려에는 관심이 적은 죄인입니다.

14. 나는 남들에게 선하고 의롭고 사랑스럽고 친절하고 공정한 언행심사를 요구하면서도 나의 죄악되고 거친 언행심사를 버리지 못하는 죄인입니다.

15. 내 잘못은 너그럽게 용서 받고 싶어 하면서도 남의 잘못에 대하여는 냉정하게 정죄하고 용서하지 못하는 죄인입니다.

16. 나는 남보다 더 큰 죄악된 들보를 가지고 있으면서 남의 티를 잘 지적하고 비판하는 죄인입니다.

17. 내 자신은 욕먹고 비난 받는 것을 몹시 싫어하면서도 남을 욕하고 비난하고 정죄하는 일에 익숙한 죄인입니다.

18. 나는 사랑 받고 칭찬 받고 인정받고 대접받는 것을 좋아하면서도 남을 사랑하고 칭찬하고 인정해주고 대접해주는 일에는 너무나 인색한 죄인입니다.

19. 내 외모는 예쁘고 깨끗하게 단장하면서도 내 맘속엔 부패하고 죄악된 쓰레기를 버리지 못하는 죄인입니다.

20. 내 육체를 의해서는 배고픔과 목마름을 참지 못해서 밥 세끼와 물을 챙겨 먹으면서 영혼을 위해서는 말씀과 기도에 대한 갈증을 못 느끼고 먹지 못하는 죄인입니다.

21. 내 육체의 건강진단과 건강관리는 철저하게 잘 하면서 영혼의 건강관리는 무지하고 또 알면서도 하지 않는 죄인입니다.

22. 내 육체가 병들면 병원에 부지런하게 다니고 약은 제 때에 잘 먹을 줄 알면서 영혼이 병들었을 때 말씀과 보혈과 성령의 치료에 무지하고 그것을 거역하는 게으른 죄인입니다.

23. 나는 정기적인 표면적 교회 생활은 잘 하는데, 내면적인 신앙 생활은 잘 못하는 죄인입니다.

24. 나는 믿음으로 새 사람이 되었다고 고백하면서 옛 사람의 죄성을 버리지 못한 죄인입니다.

25. 나는 회개를 자주 하면서도 회개의 열매를 맺지 못하고 같은 죄를 반복하는 죄인입니다.

26. 나는 악을 선으로 갚지 못하고 악을 악으로 갚고싶은 맘을 버리지 못하는 죄인입니다.

27. 나는 사람 눈치나 체면은 무척 신경 쓰면서 하나님의 눈치나 그의 체면은 신경쓰지 않는 죄인입니다.

28. 나에게 잘해주는 사람은 좋아하고 사랑하면서 나를 멀리하고 싫어하는 사람은 용서도, 이해도, 축복도 못하는 죄인입니다.

29. 나는 온유하고 겸손한 모습이 부족하고 교만과 자만심을 버리지 못하는 죄인입니다.

30. 나는 인내와 절제가 부족하고 조급하며 분노와 혈기를 버리지 못하는 죄인입니다.

31. 나는 화평과 기쁨이 부족하고 세상 일로 불안과 염려와 근심을 버리지 못하는 죄인입니다.

32. 나는 범사에 감사하지 못하고 자족하지 못하고 불평과 불만을 버리지 못하는 죄인입니다.

33. 나는 사람들이 안 보는데서 나쁜 일을 행할 때에 하나님은 다 보고계시며 듣고 계시는 것을 깨닫지 못하는 죄인입니다.

34. 나는 동료가 잘 되는 것을 볼때, 말로는 칭찬하면서도 속으로는 시기와 질투가 생길 때도 있는 죄인입니다.

35. 나는 마음이 깨끗하지 못하며 안목의 정욕과 육체의 정욕과 이생의 자랑을 버리지 못하는 죄인입니다.

36. 나는 의로운 일에 용기가 부족하고 선행하는 일에 소극적이면서 내게 유익한 일에는 민첩하고 욕심내는 죄인입니다.

37. 나는 재물과 명예와 권력과 이성의 유혹이 있을 때에 인정을 핑계로 거절하지 못하고 악에게 넘어지기 쉬운 죄인입니다.

38. 나에게 유익한 경우에는 작은 불의와 작은 불법과 작은 죄악을 단호하게 거절하지 못하고 용납하기 쉬운 연약한 죄인입니다.

39. 내가 잘못했을 때에 잘못을 솔직하게 인정하기보다는 변명과 남의

탓으로 핑계대는 진실성이 부족한 죄인입니다.

40. 나는 갇힌 자, 병든 자, 굶주리고 목마른 자들에게 사랑과 긍휼과 베풀고자하는 맘이 부족한 죄인입니다.

이 모든 죄악을 자백할 대마다 용서해주시는 하나님의 넓으신 사랑에 진심으로 감사를 드립니다. 아멘.

회개와 용서에 대한 성경구절

☆중요한 구절은 암송합니다.
☆말씀에 대한 믿음과 순종이 부족한 부분을 구체적으로 회개하면서 묵상합니다.

1. 이 세상에 있는 것들을 사랑한 죄를 회개합니다. (언제 어떻게 구체적으로)

• 롬 7:20 만일 내가 원하지 아니하는 그것을 하면 이를 행하는 자는 내가 아니요 내 속에 거하는 죄니라.

• 요일 2:16 이는 세상에 있는 모든 것이 육신의 정욕과 안목의 정욕과 이생의 자랑이니 다 아버지께로부터 온 것이 아니요 세상으로부터 온 것이라.

• 딤전 6:10 돈을 사랑함이 일만 악의 뿌리가 되나니 이것을 탐내는 자들은 미혹을 받 아 믿음에서 떠나 많은 근심으로써 자기를 찔렀도다.

2. 죄의 종으로, 육체의 욕심으로 살았던 죄를 회개합니다.

• 롬 1:29~31 곧 모든 불의, 추악, 탐욕, 악의가 가득한 자요 시기, 살인, 분쟁, 사기, 악독이 가득한 자요, 수군수군하는 자요, 비방하는 자

요, 하나님께서 미워하시는 자요, 능욕하는 자요, 교만한 자요, 자랑하는 자요, 악을 도모하는 자요, 부모를 거역하는 자요, 우매한 자요, 배약하는 자요, 무정한 자요, 무자비한 자라. (21가지)

• 갈 5:19~21 육체의 일은 분명하니 곧 음행과 더러운 것과 호색과 우상 숭배와 주술과 원수 맺는 것과 분쟁과 시기와 분냄과 당 짓는 것과 분열함과 이단과 투기와 술 취함과 방탕함과 또 그와 같은 것들이라 전에 너희에게 경계한 것 같이 경계하노니 이런 일을 하는 자들은 하나님의 나라를 유업으로 받지 못할 것이요. (15가지)

• 딤후 3:1~5 너는 이것을 알라 말세에 고통하는 때가 이르러 사람들이 자기를 사랑하며 돈을 사랑하며 자랑하며 교만하며 비방하며 부모를 거역하며 감사하지 아니하며 거룩하지 아니하며 무정하며 원통함을 풀지 아니하며 모함하며 절제하지 못하며 사나우며 선한 것을 좋아하지 아니하며 배신하며 조급하며 자만하며 쾌락을 사랑하기를 하나님 사랑하는 것보다 더하며 경건의 모양은 있으나 경건의 능력은 부인하니 이 같은 자들에게서 네가 돌아서라. (19가지)

3. 행함이 없는 믿음, 행함이 부족한 믿음을 회개합니다.

• 약 2:17 이와 같이 행함이 없는 믿음은 그 자체가 죽은 것이라.

• 약 2:26 영혼 없는 몸이 죽은 것 같이 행함이 없는 믿음은 죽은 것이니라.

• 고전 13:13 믿음, 소망, 사랑 이 세 가지는 항상 있을 것인데 그 중의 제일은 사랑이라.

- 히 11:6 믿음이 없이는 하나님을 기쁘시게 못하나니 하나님께 나아가는 자는 반드시 그가 계신 것과 또한 그가 자기를 찾는 자들에게 상 주시는 이심을 믿어야 할지니라.
- 신 28:1, 2 네가 네 하나님 여호와의 말씀을 삼가 듣고 내가 오늘 네게 명령하는 그의 모든 명령을 지켜 행하면 네 하나님 여호와께서 너를 세계 모든 민족 위에 뛰어나게 하실 것이라 네가 네 하나님 여호와의 말씀을 청종하면 이 모든 복이 네게 임하며 네게 이르리니,
- 신 28:15 네가 만일 네 하나님 여호와의 말씀을 순종하지 아니하여 내가 오늘 네게 명령하는 그의 모든 명령과 규례를 지켜 행하지 아니하면 이 모든 저주가 네게 임하며 네게 이를 것이니,

4. 사랑이 부족한 죄를 회개합니다.

- 마 22:37-40 네 마음을 다하고 목숨을 다하고 뜻을 다하여 주 너희 하나님을 사랑하라 하셨으니 이것이 크고 첫째 되는 계명이요 둘째도 그와 같으니, 네 이웃을 네 자신같이 사랑하라 하셨으니, 이 두 계명이 온 율법과 선지자의 강령이니라.
- 고전 13:4-7 사랑은 오래 참고 사랑은 온유하며 시기하지 아니하며 사랑은 자랑하지 아니하며 교만하지 아니하며 무례히 행하지 아니하며 자기의 유익을 구하지 아니하며 성내지 아니하며 악한 것을 생각하지 아니하며 불의를 기뻐하지 아니하며 진리와 함께 기뻐하고 모든 것을 참으며 모든 것을 믿으며 모든 것을 견디느니라.

5. 부모님께 순종과 공경심이 부족한 죄를 회개합니다.

- 출 20:12 네 부모를 공경하라 그리하면 네 하나님 여호와가 네게 준 땅에서 네 생명이 길리라.
- 신 5:16 너는 네 하나님 여호와께서 명령한 대로 네 부모를 공경하라 그리하면 네 하나님 여호와가 네게 준 땅에서 네 생명이 길고 복을 누리리라
- 신 27:16 그의 부모를 경홀히 여기는 자는 저주를 받을 것이라 할 것이요 모든 백성은 아멘 할지니라.
- 눅 18:20 네가 계명을 아나니 간음하지 말라, 살인하지 말라, 도둑질하지 말라, 거짓 증언 하지 말라, 네 부모를 공경하라 하였느니라.
- 엡 6:1 자녀들아 주 안에서 너희 부모에게 순종하라 이것이 옳으니라

6. 부부와 자녀를 내 몸같이 사랑하지 못하고 용서하지 못한 죄를 회개합니다.

- 엡 5:22~33 아내들이여 자기 남편에게 복종하기를 주께 하듯 하라 이는 남편이 아내의 머리됨이 그리스도께서 교회의 머리됨과 같음이니 그가 바로 몸의 구주시니라 그러므로 교회가 그리스도에게 하듯 아내들도 범사에 자기 남편에게 복종할지니라 남편들아 아내 사랑하기를 그리스도께서 교회를 사랑하시고 그 교회를 위하여 자신을 주심 같이 하라. 이는 곧 물로 씻어 말씀으로 깨끗하게 하사 거룩하게 하시고 자기 앞에 영광스러운 교회로 세우사 티나 주름 잡힌 것이나 이런 것들이 없이 거룩하

고 흠이 없게 하려 하심이라. 이와 같이 남편들도 자기 아내 사랑하기를 자기 자신과 같이 할지니 자기 아내를 사랑하는 자는 자기를 사랑하는 것이라 누구든지 언제나 자기 육체를 미워하지 않고 오직 양육하여 보호하기를 그리스도께서 교회에게 함과 같이 하나니 우리는 그 몸의 지체임이라 그러므로 사람이 부모를 떠나 그의 아내와 합하여 그 둘이 한 육체가 될지니 이 비밀이 크도다 나는 그리스도와 교회에 대하여 말하노라. 그러나 너희도 각각 자기의 아내 사랑하기를 자신 같이 하고 아내도 자기 남편을 존경하라.

• 골 3:18~21 아내들아 남편에게 복종하라. 이는 주 안에서 마땅하니라. 남편들아 아내를 사랑하며 괴롭게 하지 말라. 자녀들아 모든 일에 부모에게 순종하라. 이는 주 안에서 기쁘게 하는 것이니라. 아비들아 너희 자녀를 노엽게 하지 말지니 낙심할까 함이라.

• 마 6:14~15 너희가 사람의 잘못을 용서하면 너희 하늘아버지께서도 너희 잘못을 용서하시려니와 너희가 사람의 잘못을 용서하지 아니하면 너희 아버지께서도 너희 잘못을 용서하지 아니하시리라.

• 마 22:39 둘째도 그와 같으니 네 이웃을 네 자신과 같이 사랑하라 하셨으니,

• 딤전 5:8 누구든지 자기 친족 특히 자기 가족을 돌보지 아니하면 믿음을 배반한 자요 불신자보다 더 악한자니라.

7. 주일 성수, 영적예배, 십일조를 온전하게 드리지 못한 죄를 회개합니다.

• 말 3:8 사람이 어찌 하나님의 것을 도둑질 하겠느냐 그러나 너희는 나의 것을 도둑질하고도 말하기를 우리가 어떻게 주의 것을 도둑질 하였나이까 하는도다 이는 곧 십일조와 봉헌물이라.

• 사 58:13 만일 안식일에 네 발을 금하여 내 성일에 오락을 행하지 아니하고 안식일을 일컬어 즐거운 날이라 여호와의 성일을 존귀한 날이라 하여 이를 존귀하게 여기고 네 길로 행하지 아니하며 네 오락을 구하지 아니하며 사사로운 말을 하지 아니하면,

• 롬 12:1 그러므로 형제들아 내가 하나님의 모든 자비하심으로 너희를 권하노니 너희 몸을 하나님이 기뻐하시는 거룩한 산 제물로 드리라 이는 너희가 드릴 영적 예배니라.

8. 아버지의 뜻대로, 성령의 뜻대로 열매 맺지 못한 죄를 회개합니다.

• 갈 5:16, 22~23 내가 이르노니 너희는 성령을 따라 행하라 그리하면 육체의 욕심을 이루지 아니하리라, 오직 성령의 열매는 사랑과 희락과 화평과 오래 참음과 자비와 양선과 충성과 온유와 절제니 이 같은 것을 금지할 법이 없느니라.

• 살전 5:12~18 너희끼리 화목하라. ~ 모든 사람에게 오래 참으라. ~ 악으로 악을 갚지 말고, ~ 항상 선을 따르라. 항상 기뻐하라. 쉬지 말고 기도하라. 범사에 감사하라. 이것이 그리스도 안에서 너희를 향하신 하나님의 뜻이니라.

• 마 7:20 이러므로 그들의 열매로 그들을 알리라.

• 마 13: 23 좋은 땅에 뿌려졌다는 것은 말씀을 듣고 깨닫는 자니 결실하여 어떤 것은 백 배, 어떤 것은 육십 배, 어떤 것은 삼십 배가 되느니라.

9. 복 있는 자로 살지 못한 것을 회개합니다.

• 마 5:3~12 심령이 가난한 자는 복이 있나니 천국이 그들의 것임이요, 애통하는 자는 복이 있나니 그들이 위로를 받을 것임이요, 온유한 자는 복이 있나니 그들이 땅을 기업으로 받을 것임이요, 의에 주리고 목마른 자는 복이 있나니 그들이 배부를 것임이요, 긍휼히 여기는 자는 복이 있나니 그들이 긍휼히 여김을 받을 것임이요, 마음이 청결한 자는 복이 있나니 그들이 하나님을 볼 것임이요, 화평하게 하는 자는 복이 있나니 그들이 하나님의 아들이라 일컬음을 받을 것임이요, 의를 위하여 박해를 받은 자는 복이 있나니 천국이 그들의 것임이라. 나로 말미암아 너희를 욕하고 박해하고 거짓으로 너희를 거슬러 모든 악한 말을 할 때에는 너희에게 복이 있나니 기뻐하고 즐거워하라 하늘에서 너희의 상이 큼이라 너희 전에 있던 선지자들도 이같이 박해하였느니라.

• 시 1:1~2 복 있는 사람은 악인들의 꾀를 따르지 아니하며 죄인들의 길에 서지 아니하며 오만한 자들의 자리에 앉지 아니하며 오직 여호와의 율법을 즐거워하며그의 율법을 주야로 묵상하는 자로다.

10. 전도하지 못한 죄와 불순종한 죄를 철저하게 회개합니다.

- 막 16:15 또 이르시되 너희는 온 천하에 다니며 만민에게 복음을 전파하라.
- 롬 10:14~15 그런즉 그들이 믿지 아니하는 이를 어찌 부르리요 듣지도 못한 이를 어찌 믿으리요. 전파하는 자가 없이 어찌 들으리요. 보내심을 받지 아니하였으면 어찌 전파하리요. 기록된바 아름답도다 좋은 소식을 전하는 자들의 발이여 함과 같으니라.
- 행 5:42 그들이 날마다 성전에 있든지 집에 있든지 예수는 그리스도라고 가르치기와 전도하기를 그치지 아니하니라.
- 마 3:8, 눅 3:3 회개에 합당한 열매를 맺고
- 막 1:15 천국이 가까웠으니 회개하고 복음을 믿으라.
- 눅 5:32 내가 의인을 부르러 온 것이 아니요 죄인을 불러 회개시키러 왔노라.
- 눅 13:3 너희도 만일 회개하지 아니하면 다 이와 같이 망하리라.
- 눅 15:7 죄인 한 사람이 회개하면 하늘에서는 회개할 것 없는 의인 아흔 아홉으로 말미암아 기뻐하는 것보다 더하니라.
- 요일 1:8-9 만일 우리가 죄가 없다고 말하면 스스로 속이고 또 진리가 우리 속에 있지 아니할 것이요 만일 우리가 우리 죄를 자백하면 그는 미쁘시고 의로우사 우리 죄를 사하시며 우리를 모든 불의에서 깨끗하게 하실것이요.
- 행 3:19 그러므로 너희가 회개하고 돌이켜 너희 죄 없이 함을 받으라 이같이 하면 새롭게 되는 날이 주 앞으로부터 이를 것이요.

회개 감사기도

✝ 안목의 정욕으로 잘못한 언행심사를 회개하게 하셔서 감사합니다.(구체적으로)

✝ 육체의 정욕으로 잘못한 언행심사를 회개하게 하셔서 감사합니다.(구체적으로)

✝ 이생의 자랑으로 잘못한 언행심사를 회개하게 하셔서 감사합니다.(구체적으로)

✝ 모든 불의, 추악, 탐욕, 시기, 살인, 악독, 수군수군, 비방, 능욕, 교만, 자랑, 악을 도모함, 우매, 배약함, 부정함, 무자비한 언행심사를 회개하게 하셔서 감사합니다. (롬 1:29~31)

✝ 음행, 더러운 것, 호색, 우상숭배(조상제사), 탐심, 주술(점치는 것), 원수 맺음, 분쟁, 시기, 분냄, 당 짓는 것, 분열, 이단, 투기, 술취함, 방탕한 언행심사를 회개하게 하셔서 감사합니다. (갈 5:19)

✝ 자기자랑, 이기심, 돈사랑, 명예탐심, 권력탐심, 교만, 자만, 미움, 비방, 부모거역, 불평, 부정, 모함, 사나움, 절제못함, 배신, 조급함, 쾌락, 악의, 경건능력을 부인한 죄를 회개하게 하시니 감사합니다. (딤후 3:1~5)

✝ 의심이 생겨서 믿음으로 행하지 않은 것과 믿음이 약한 것과 믿음이 부족한 것과 행함이 없는 믿음을 회개하게 하셔서 감사합니다.

✝ 세상의 보화, 명예, 권력들을 사랑하고 소망한 까닭에 하늘나라 소망이 부족한 죄를 회개하게 하셔서 감사합니다.

✝ 마음을 다하고 뜻을 다하고 목숨을 다하여 하나님을 사랑해야 되는 줄 알면서도 그렇게 하지 못한 허물과 죄를 회개하게 하시니 감사합

니다.

 ✝ 이웃을 내 몸같이 사랑하라 하셨는데 그렇게 하지 못한 죄를 회개하게 하시니 감사합니다.

 ✝ 십계명을 온전히 지키지 못한 것을 회개하게 해주셔서 감사합니다.

 ✝ 부모님(시부모님)께 효도하지 못한 것과 가족(부부), 자녀를 내몸같이 사랑하지 못한 죄, 화목하지 못한 죄를 회개하게 하시니 감사합니다.

 ✝ 성령의 아홉 가지 열매(사랑, 희락, 화평, 인내, 자비, 양선, 온유, 충성, 절제)가 부족한 것을 회개합니다.

 ✝ 팔복(심령가난, 애통, 온유, 의에 주림과 목마름, 긍휼, 청렴, 화평, 핍박 받을 때 기쁨)이 부족한 것을 회개하게 하시니 감사합니다.

 ✝ 고린도 전서 13:1~7에 있는 사랑의 속성이 부족한 것을 회개하게 하시니 감사합니다.

 ✝ 항상 기도 부족, 범사 감사부족, 전도 부족한 것을 회개하게 하시니 감사합니다.

 ✝ 말씀대로 하나님 뜻대로 순종하지 못한 oo죄를 회개하게 하시니 감사합니다.

 ✝ 회개에 합당한 열매를 맺지 못하고 반복된 oo죄를 지은 것을 회개하게 하시니 감사합니다.

 ✝ 예배 시간을 지각한 것, 주님께 집중하지 못하고 산만한 맘으로 예배드린 것과 헌금을 미리 준비하지 못하고 정성 없이 드린 것과 전심으로 찬양하지 못한 것을 회개하게 하시니 감사합니다.

 ✝ 설교 말씀을 감사로 듣지 않고 비판하면서 불평불만으로 들은 잘못을 깨닫고 회개하게 하셔서 감사합니다.

+ 다른 사람들의 허물이나 죄를 또 다른 사람들에게 수군거리며 전달한 잘못을 회개하게 하시니 감사합니다.

+ 교회에서 받은 직분에 합당한 충성을 다 하지 못한 것을 깨닫고 회개하게 하시니 감사합니다.

짧은 예화

러시아의 대문호 톨스토이의 소설 '돌과 두 여인'에
이런 내용이 나온다. 어느 날 두 여인이 수도사를 찾아간다.
한 여인은 자기가 큰 죄인인줄 알고 몹시 괴로운 마음으로 왔다
그 여인은 한때 큰 죄를 지은 적이 있었다.
그러나 다른 여인은 자신이 여태껏 도덕적으로 살아 왔기에
별로 거리낌이 없다고 말했다.
수도사는 두 여인에게 참회의 고백을 시켰다.
첫째 여인은 눈물을 흘리면서 자신이 죄인임을 고백했다.
그러나 둘째 여인은 여전히 당당했다.
수도사는 울고 있는 여인에게는 큰 돌 하나를 구해오라고 했고
당당한 여인에게는 작은 돌을 많이 구해 오라고 했다.
수도사는 돌을 가져온 두 여인에게
그것을 본래의 자리에 갖다놓고 오라고 일렀다.
큰 돌을 가져온 여인은 그 돌을 어디에서 갖고 왔는지 분명히 알 수 있었지만 작은 돌을 주워온 여인은 그럴 수 없었다.
죄는 바로 이런 것입니다. 우리가 잊고 있는 죄가 얼마나 많은가.
그러므로 하나님 앞에서 겸손한 기도를 잊지 말아야합니다.

36. 축귀하는 방법

    이 훈련은 담대한 믿음을 준비해야 합니다. 예수님께서 이미 부활권세로 마귀세력을 이기셨다는 확신을 갖고 시작해야 합니다. 마귀와 귀신들은 타락한 천사로서 하나님의 피조물이며, 육안으로 볼 수 없는 영물이지만 사람이 존재하는 곳과 죄가 있는 곳에는 그들의 세력이 함께 있다고 보면 됩니다.(요일3:8 참조) 이들이 하는 일은 사람들이 하나님을 믿지 못하게 방해하고 우상이나 다른 피조물을 섬기도록 미혹하고 있습니다. 결국은 사람들에게 죄를 짓게 해서 지옥에 가도록 하는 것이 마귀의 목표입니다. 마귀는 귀신들의 우두머리입니다. 어둠의 영들이 하는 역할의 종류도 죄의 종류만큼이나 다양하고 그 칭호도 다양합니다.

    예수님께서 제자들에게와 믿는 자들에게 축귀의 권세를 주셨다는 기록된 말씀을 그대로 믿고 순종하고 선포하고 기도하면 이루어진다고 확신해야 합니다.(막16:17~18, 눅10:9) 그리고 예수님이 죽음에서 부활하셨음으로 사망권세와 마귀권세를 이기셨다는 말씀을 확신하고 예수이름으로 귀신을 물러가라고 대적기도하면 귀신들은 물러갈 수밖에 없는 피조물입니다. 예수님께서 이미 이겨놓으신 싸움이기에 우리가 이길 수 있는 것입니다. (롬8:37~39, 요16:33, 요일5:4~5, 요일4:4, 골2:15 참조) 그리스도인은 예수님을 마음에 영접하고 믿는 순간부터 마귀와의 영적 전쟁이 시작된 것입니다. 신자는 그동안 마귀가 통치하는 어둠의 나라에서 살던 사람이 어느 날 갑자기 마음에 예수님을 영접하고, 하나님 나라로 이민 갔기 때문에 마귀는 자기백성을 빼앗겼다는 생각으로 틈을 노리며 그들을 삼키려는 공격을 일삼게 됩니다. 그러므로 사도바울은 마귀의 궤계를 능히 대적하기 위해서 하나님의 전신갑주를 입으라고 엡 6:11에서 말씀했습니다. 완전무장을 안 하고 전장에 나가는 어리석은 병사가 없듯이 영적전쟁에 임하는 병사들도 전신갑주를 입는 것은 너무나 당연한 일입니다. 하나님의 전신갑주는 오직 주 예수 그리스도로 옷 입는 것을 의미합니다. (롬13:14) 예수그리스도의 이름 자체가 성도가 입어야 되는 전신갑주입니다. 새사람을 입으라(엡4:24)는 말씀도 옛 구습을 벗어버리고 예수 그리스도로 옷을 갈아입으라는 뜻입니다.

그리스도의 옷은 사랑, 기쁨, 화평, 감사, 인내, 자비, 양선, 충성, 믿음, 온유, 겸손, 성결 거룩, 용서함 등을 실천하는 예수님 마음 그 자체입니다. 악을 악으로 갚지 않고 사랑과 선으로 갚는 것 이 마귀와 죄를 이기는 능력이며, 그리스도의 옷입니다. 마귀는 그리스도인의 옷을 벗기려고 온갖 계략을 사용합니다.

에덴동산에서 아담과 하와는 마귀의 계략에 넘어감으로 영적인 갑옷이 벗겨졌고, 자기들의 몸이 벗은 줄을 알게 된 것입니다. 그리스도인이 범죄 하는 것은 바로 예수의 옷, 영적인 갑옷이 벗겨지는 순간이 되는 것입니다. 항상 어둠의 세력을 경계하고 자신의 영혼육과 언행심사를 잘 지켜야 합니다. 요일 3:9에서 하나님께로부터 난 자마다 죄를 짓지 아니하나니 이는 하나님의 씨가 그의 속에 거함이요 그도 범죄 하지 못하는 것은 하나님께로부터 났음이라고 말씀합니다. 이 말씀에 대한 믿음을 갖고 믿음의 싸움에서 이겨야 합니다. 그리스도인은 믿음을 굳건하게 하여 우는 사자처럼 공격하는 마귀의 세력들을 예수님의 이름으로 대적하라.(벧전5:8) 말씀하고 있습니다. 그를 대적하면 물러간다는 말씀을 믿고(약4:7) 예수님의 이름으로 대적해야 합니다. 이 단계가 이루어지면 전인치유 단계도 쉬워지게 되어 있습니다.

바울처럼 자고하지 않도록 하나님의 은혜로 그 몸에 남겨 놓으신 가시, 곧 마귀의 사자를 허락하는 경우도 있음을 기억할 필요가 있습니다. 이 훈련은 영적전투 훈련이므로 일회성이 아니고 평생 동안 계속해야 합니다. 성경에 기록된 마귀와 귀신들의 칭호는 사탄, 마귀, 귀신, 바알세불, 뿌린 곡식을 주워 먹는 자, 악한 자, 거짓의 아비, 가라지를 심는 자, 독사, 악귀, 살인한자, 거짓말하는 자, 세상 임금, 악한 생각을 일으키는 자, 간계, 올무를 놓는 자, 천사로 가장하는 자, 어둠의 영, 악의 영, 이 세상 신, 벨리알, 뱀, 옛 뱀, 용, 옛적 천사, 공중의 권세 잡은 자, 사망권세 잡은 자, 무저갱의 사자, 온 천하를 꾀는 자, 참소하는 자, 통치자, 권세들, 어둠의 세상 주관자 등입니다.

☆ **귀신의 침입경로**

- 조상 때부터 유전된 대물림과 본인의 우상숭배(3~4대까지), 사주팔

자, 운명론자, 풍수지리 숭배할 때.
- 굿, 조상제사, 점치는 곳에 참여할 때.(고전10:20)
- 큰 충격, 큰 놀램, 두려움을 느끼게 한 사건사고, 좌절감이나 절망감에 눌릴 때.
- 심한 분노(엡4:26~27)를 지속할 때.
- 술, 마약, 도박중독증(엡5:18)이 있을 때.
- 죄(요일3:8), 습관적인 죄, 미움, 거짓(요8:44), 게으름(딤전5:13~15), 교만, 탐욕(행5:1~3), 폭력, 강도, 음행, 불순종, 완악, 비방(딤전3:7), 불평, 시기, 질투, 도적 등 죄를 범할 때.
- 악한 생각(자살, 복수, 살인, 인신매매(요13:2,27, 마16:23), 깨어 있지 않는 자.(벧전5:8~9)
- 더러운 장소와 환경(장례식장, 교도소, 유흥업소, 사찰, 극장, 이단회당, 이방인의 모임)에서 믿음으로 무장하지 않을 때.(엡5:5, 고후7:1)
- 전신갑주를 입지 않았을 때.(엡6:11~12)
- 성령을 소멸할 때.(살전 5:19)
- 경솔한 안수.(딤전 5:22)
- 예수를 시인하지 않을 때.(요일4:3)

☆ 마귀가 침입하는 경우의 성경적 근거
① 불신자에게
- 요일 4:3 예수를 시인하지 아니하는 영마다 하나님께 속한 것이 아니니 이것이 곧 적그리스도의 영이니라.
- 요 8:44 너희는 너희 아비 마귀에게서 났으니 너희 아비의 욕심대로

너희도 행하고자 하느니라.

　• 고전 10:20 무릇 이방인이 제사하는 것은 귀신에게 하는 것이요 하나님께 제사하는 것이 아니니 나는 너희가 귀신과 교제하는 자가 되기를 원치 아니하노라.

　• 요일 3:8 죄를 짓는 자는 마귀에게 속하나니 마귀는 처음부터 범죄함이라 하나님의 아들이 나타나신 것은 마귀의 일을 멸하려 하심이라.

　• 요 13:2~27 마귀가 벌써 시몬의 아들 가룟 유다의 마음에 예수를 팔려는 생각을 넣었더라, 조각을 받은 후 곧 사탄이 그 속에 들어간지라.

　② 신자에게

　• 마 16:23 예수께서 돌이키시며 베드로에게 이르시되 사탄아 내 뒤로 물러가라 너는 나를 넘어지게 하는 자로다 네가 하나님의 일을 생각하지 아니하고 도리어 사람의 일을 생각하는도다 하시고,

　• 마 24:24 거짓 그리스도들과 거짓선지자들이 일어나 큰 표적과 기사를 보여 할 수만 있으면 택하신 자들도 미혹하리라.

　• 행 5:3 베드로가 이르되 아나니아야 어찌하여 사탄이 네 마음에 가득하여 네가 성령을 속이고 땅값 얼마를 감추었느냐?

　• 딤전 3:7 외인에게도 선한증거를 얻은 자라야 할지니 비방과 마귀의 올무에 빠질까 염려하라.

　• 딤전 5:13~15 그들은 게으름을 익혀 집집으로 돌아다니고 게으름뿐 아니라 쓸데없는 말을 하며 일을 만들어 마땅히 아니할 말을 하나니 이미 사탄에게 돌아간 자도 있더라.

　• 벧전 5:8 근신하라 깨어라 너희 대적 마귀가 우는 사자같이 두루 다니며 삼킬 자를 찾나니 믿음을 굳건하게 하여 그를 대적하라.

• 엡 4:26~27 분을 내어도 죄를 짓지 말며 해가 지도록 분을 품지 말고 마귀에게 틈을 주지 말라.

☆ 다른 사람을 위해서 축귀할 때 준비자세

• 귀신 존재를 인식하고 있어야 합니다.
• 영적전쟁에서 이겨야 되는 필요성과 의지가 있어야 합니다.
• 예수님은 창조주~ 마귀보다 강하다는 믿음으로 합니다.
• 예수님이 내주하신다는 믿음으로 합니다.
• 내 죄와 질병과 가난과 저주는 십자가에서 죽었다고 하는 믿음으로 합니다.
• 예수님이 마귀의 일을 멸하셨다는 믿음으로 합니다.
• 믿음과 성령을 충만케 해달라고 기도합니다.

☆ 축귀의 실제

• 허물과 죄를 회개하고 죄를 끊겠다는 결단을 합니다.
• 내 안에 믿음과 성령을 충만케 해 달라고 간구합니다.
• 머리, 얼굴, 가슴, 복부 등 신체 부위별로 예수님의 보혈을 뿌립니다.

축귀에 대한 성경구절

☆중요한 구절은 암송합니다.
☆말씀에 대한 믿음과 순종이 부족했던 부분을 회개하면서 묵상합니다.

1. 예수님께서 마귀의 일을 멸하셨기 때문에 예수님 이름으로 귀신과 악한 영들을 물러가게 하시니 감사합니다. 믿음과 성령을 충만케 하옵소서.

- 행 10:38 하나님이 나사렛 예수에게 성령과 능력을 기름 붓듯 하셨으매 그가 두루 다니며 선한 일을 행하시고 마귀에게 눌린 모든 사람을 고치셨으니 이는 하나님이 함께 하셨음이라 .
- 골 2:15 통치자들과 권세들을 무력화하여 드러내어 구경거리로 삼으시고 십자가로 그들을 이기셨느니라.
- 요일 4:4 자녀들아 너희는 하나님께 속하였고 또 그들을 이기었나니 이는 너희 안에 계신 이가 세상에 있는 자보다 크심이라.
- 요일 3:8 죄를 짓는 자는 마귀에게 속하나니 마귀는 처음부터 범죄함이라 하나님의 아들이 나타나신 것은 마귀의 일을 멸하려 하심이라.
- 히 2:14~15 그도 죽음을 통하여 죽음이 세력을 잡은 자 곧 마귀를 멸하시며 또 죽기를 무서워하므로 한평생 매여 종노릇하는 모든 자들을 놓아주려 하심이니라.

2. 믿는 자에게 예수님 이름으로 귀신을 쫓아내는 권세를 주신 것을 감사합니다. 믿음과 성령을 충만케 하옵소서.

• 눅 9:1~2(막3:15, 9:17~20) 예수께서 열두제자를 불러 모으사 모든 귀신을 제어하며 병을 고치는 능력과 권위를 주시고,

• 막 16:17~13 믿는 자들에게는 이런 표적이 따르리니 곧 그들이 내 이름으로 귀신을 쫓아내며 새 방언을 말하며 병든 자에게 손을 얹은즉 나으리라 하시더라.

• 마 10:8 병든 자를 고치며 죽은 자를 살리며 나병환자를 깨끗하게 하며 귀신을 쫓아내되 너희가 거저 받았으니 거저 주라.

• 눅 10:17 칠십 인이 기뻐하며 돌아와 이르되 주여 주의 이름이면 귀신들도 우리에게 항복 하더이다.

• 눅 10:19 내가 너희에게 뱀과 전갈을 밟으며 원수의 모든 능력을 제어할 권능을 주었으니 너희를 해칠 자가 결코 없으리라.

3. 내 몸 안에 있는 조상 때부터 대물림된 마귀의 세력(ㅇㅇ귀신들, ㅇㅇ 악한 영들)**을 예수님께서 끊으셨도다.** (예수님 보혈의 권세토, 부활의 권세로 끊으셨도다.)**라고 선포한다.**

• 마 4:10~11 이에 예수께서 말씀하시되 사탄아 물러가라 기록되었으되 주녀의 하나님께 경배하고 다만 그를 섬기라 하였느니라. 이에 마귀는 예수를 떠나고 천사들이 나아와서 수종드니라.

• 마 12:28 그러나 내가 하나님의 성령을 힘입어 귀신을 쫓아내는 것

이면 하나님의 나라가 이미 너희에게 임하였느니라.
- 약 4:7 그런즉 너희는 하나님께 복종할지어다. 마귀를 대적하라. 그리하면 너희를 피하리라.

4. 교만의 영, 자만의 영, 음란의 영, 거짓의 영, 분노의 영들을 예수님께서 이기셨다고 선포한다.

- 마 16:23 예수께서 돌이키시며 베드로에게 이르시되 사탄아 내 뒤로 물러가라 너는 나를 넘어지게 하는 자로다 네가 하나님의 일을 생각지 아니하고 사람의 일을 생각하는도다.
- 삼상 16:23 하나님께서 부리시는 악령이 사울에게 이를 때에 다윗이 수금을 들고 와서 손으로 탄주 사울이 상쾌하여 낫고 악령이 그에게서 떠나더라.
- 행 8:7 많은 사람에게 붙었던 더러운 귀신들이 크게 소리를 지르며 나가고 또 많은 중풍병자와 못 걷는 사람이 나으니,
- 행 16:18 바울이 심히 괴로워하여 돌이켜 그 귀신에게 이르되 예수 그리스도의 이름으로 내가 네게 명하노니 그에게서 나오라 하니 귀신이 즉시 나 오니라.
- 마 4:24 그의 소문이 온 수리아에 퍼진지라 사람들이 모든 앓는 자, 곧 각종 병에 걸려서 고통당하는 자, 귀신들린 자, 간질 하는 자, 중풍병자들을 데려오니 그들을 고치시더라.
- 마 8:16 예수께서 말씀으로 귀신들을 쫓아내시고 병든 자들을 다 고치시니

• 마 17:18 이에 예수께서 꾸짖으시니 귀신이 나가고 아이가 그때부터 나으니라.
• 막 1:25~26 예수께서 꾸짖어 이르시되 잠잠하고 그 사람에게서 나오라 하시니 더러운 귀신이 그 사람에게 경련을 일으키고 큰 소리를 지르며 나오는지라.

5. 내 몸은 성령이 계신 하나님의 성전이기 때문에 성령께서 충만케 하옵소서.

• 고전 3:16 너희는 너희가 하나님의 성전인 것과 하나님의 성령이 너희 안에 계시는 것을 알지 못하느냐?
• 고전 3:23 너희는 그리스도의 것이요 그리스도는 하나님의 것이니라.
• 빌 3:13 내게 능력 주시는 자 안에서 내가 모든 것을 할 수 있느니라.

6. 사망 권세 이기시고 부활하신 예수님이 내 안에 계시기 때문에 성령께서 충만케 하옵소서.

• 고전 15:55 사망아 너의 승리가 어디 있느냐 사망아 네가 쏘는 것이 어디 있느냐?
• 막 9:23 할 수 있거든이 무슨 말이냐 믿는 자에게는 능히 하지 못할 일이 없느니라.

• 롬 8:35 누가 우리를 그리스도의 사랑에서 끊으리요 환난이나 곤고나 박해나 기근이나 적신이나 위험이나 칼이랴.
• 롬 8:37 이 모든 일에 우리를 사랑하시는 이로 말미암아 우리가 넉넉히 이기느니라.

7. 항상 하나님의 전신갑주를 입게 하시고 마귀의 세력을 대적하여 승리하게 하셨으므로 믿음과 성령을 충만케 하옵소서.

• 엡 6:10~18 끝으로 너희가 주 안에서와 그 힘의 능력으로 강건하여지고 마귀의 간계를 능히 대적하기 위하여 하나님의 전신갑주를 입으라. 우리의 씨름은 혈과 육을 상대하는 것이 아니요 통치자들과 권세들과 이 어둠의 세상주관자들과 하늘에 있는 악의 영들을 상대함이라 그러므로 하나님의 전신갑주를 취하라 이는 악한 날에 너희가 능히 대적하고 모든 일을 행한 후에 서기 위함이라 그런즉 서서 진리로 너의 허리띠를 띠고 의의 호심경을 붙이고 평안의 복음이 준비한 것으로 신을 신고 모든 것 위에 믿음의 방패를 가지고 이로써 능히 악한 자의 모든 불화살을 소멸하고 구원의 투구와 성령의 검 곧 하나님의 말씀을 가지라 모든 기도와 간구를 하되 항상 성령 안에서 기도하고 이를 위하여 깨어 구하기를 항상 힘쓰며 여러 성도를 위하여 구하라.
• 요일 5:4 무릇 하나님께로 난 자마다 세상을 이기느니라 세상을 이기는 승리는 이것이니 우리의 믿음이니라.
• 요일 5:18 하나님께로부터 나신 자가 그를 지키시매 악한 자가 그를 만지지도 못하느니라.

축귀에 대한 감사기도

✝ 내 안에 있는 교만의 영, 자만의 영, 음란의 영, 미움의 영, 거짓의 영, 우상숭배의 영, 더러운 영들의 머리를 예수님께서 깨뜨리셨고 부활 승리하셨으므로 물러가게 하시니 감사와 찬송을 드립니다. 아멘.

✝ 내 몸에 있는 병마의 세력도 예수님께서 깨뜨리셨고 부활 승리하셨으므로 물러가게 하시고 치료해주시니 감사와 찬송을 드립니다. 아멘.

✝ 나에게 죄를 짓도록 유혹하는 악한 영들의 머리를 예수님께서 깨뜨리셨고 부활 승리하셨으므로 물리쳐 주시니 감사와 찬송을 드립니다. 아멘.

✝ 나의 조상 때부터 대물림된 우상숭배의 영, 조상숭배의 영, 점술과 미신의 영, 사주팔자와 토정비결의 영들의 머리를 예수님께서 깨뜨리셨으므로 물러가게 하시니 감사와 찬송을 드립니다. 아멘.

✝ 말씀을 선포함으로 마귀의 세력들을 물러가게 하시니 감사와 찬송을 드립니다. 아멘.

✝ 마귀의 세력들에게 예수님의 보혈을 뿌림으로 물러가게 하시니 감사와 찬송을 드립니다. 아멘

예수님께서 사탄(뱀)의 머리를 깨뜨리셨고 부활 승리하셨으므로 물리쳐 주시니 감사와 찬송을 드립니다. 아멘

짧은 예화

아마존 밀림에서 원시 부족을 대상으로 선교하는 한 선교사가 강을 건너가고 있었다. 가슴까지 물이 차는 곳이었는데 급한 일이 있어서 부리나케 강을 건너다가 얼굴이 백지장처럼 창백해지고 말았다.

길이가 10미터가 넘는 거대한 구렁이 아나콘다가 대가리를 물 위로 내놓고 그에게 다가오고 있는 것을 발견했기 때문이었다.

멀리 강둑에서서 그것을 지켜보던 원시부족 사람들은 그 선교사를 비웃었다. 강물 속에서 아나콘다의 밥이 되는 선교사를 하나님이 어떻게 구원하는지 지켜보자고 했다.

대부분의 원시부족사람들은 그 선교사가 아나콘다의 몸에 휘감겨 질식하게 될 거라고 생각했다. 그 선교사는 틀림없이 큰 구렁이의 먹잇감이 되어 강물 속에서 처참하게 죽임을 당할 거라고 판단했다.

선교사는 강둑 위에 서있는 마을사람들을 보고 더욱 긴장이 되었다.

만약 자신이 아나콘다의 입안으로 빨려 들어가 구렁이의 밥이 되고 만다면 다른 선교사들이 들어와도 그 마을에 복음 전하는 일은 거의 불가능해질 것이라는 생각이 들었다.

그래서 그 선교사는 그 자리에서 하나님의 도움을 구하는 능력의 기도를 했다.

"하나님 아나콘다를 멀리 쫓아주시옵소서

원주민들이 그것을 보고 하나님의 살아계심을 믿게 하옵소서"

그 선교사는 간절한 마음으로 하나님의 도움을 구하는 기도를 한 후에 손가락으로 그 아나콘다를 가리키며 담대하게 명했다.

"예수님의 이름으로 명합니다.

악하고 더러운 아나콘다야 속히 너희 집으로 돌아가거라."

참으로 신기한 일이었다.

그 선교사의 말이 떨어지자마자 고개를 내밀고 다가오던 아나콘다가 갑자기 고개를 휙 돌리곤 방향을 바꾸었다. 정반대 방향으로 그 구렁이는 아득하게 사라져갔다. 그것을 보고 원시부족 사람들은 환호성을 질렀다.

그 선교사가 믿는 하나님은 대단한 능력을 가지신 분이라며 서로 수군거렸다. 그 이후로 그 선교사의 교회에는 원시부족사람들이 자발적으로 많이 출석하게 되었다는 흥기로운 얘기다.

37. 전인치유하는 방법

사람의 구조는 영, 혼, 육으로 구성되어 있습니다. (살전 5:23, 히 4:12 참조)

영은 하나님과 교제하는 기능을 갖고 있으며 혼은 마음과 정신세계를 포함하는데 의식, 감정, 생각, 기억의 기능을 가지고 있습니다.

육은 몸의 물질적인 모든 조직체로서 영혼과 함께 연합되어 있을 때에만 생명을 유지합니다.

육은 생로병사의 과정 속에서 선악간의 하나님의 은혜와 복과 화(저주)를 경험하면서 살아가는 존재입니다. 사람의 생, 노, 사의 과정은 자신의 의지와 관계없이 불가항력적으로 경험되는 것이지만 질병은 자신이 건강관리를 잘못한 탓도 있으므로 먼저 그 원인을 자기 자신이 지내온 언행심사에서 찾아볼 필요가 있는 것입니다.

자신의 혈통에 따른 유전적 기질인 성품과 후천적으로 선악간의 언행심사의 생활습관과 음식습관과 운동습관에서 부적절하고 잘못된 원인을 발견 할 수 있을 것입니다.

이 나쁜 습관들을 고치려는 결단과 하나님의 도우심은 은혜로 질병의 원인들을 고치게 된다는 믿음이 있으면 질병치유는 가능한 것입니다. 하나님은 전능전지하시기 때문에 못 고치는 병이 없다는 것을 확신해야 합니다.

① 영의 질병치유는 하나님께 대한 불신앙의 죄를 회개하고 예수를 마음에 영접하고 믿으면 하나님의 자녀로 거듭나게 됨으로써 죽었던 영이 살아나서 영생을 얻게 되는 것입니다.

② 혼(마음과 정신세계)의 질병치유는 영이 치유된 상태에서 허물과 죄를 지속적으로 씻어내고 하나님의 성령과 말씀으로 충만하고 말씀대로 순종하게 되면 혼의 질병들이 치유되는 것입니다.

③ 육의 질병은 몸의 조직체간 오장육부, 혈관근육, 관절골수, 신경세포와 머리, 얼굴, 이목구비, 사진 백체가 복잡 다양함으로 질병 또한 다양한 것입니다.

그러나 생명의 근원이 되는 피를 깨끗하게 유지하고 면역성을 정상적으로 유지한다면 두병장수할 수 있습니다. 이것은 쉬운 길이 아니므로 질병이 생길 수밖에 없으며 의학적 완전치유도 30%이내의 한계에 도달하고 있는 현실입니다.

그렇지만 전능하신 의사 - 예수님과 함께 하면서 모든 병을 고칠 수 있다는 믿음을 가지고 있으면 모든 병을 고침 받을 수 있습니다. 예수님께서 나의 모든 질병을 짊어지고 가셨다는 십자가 은혜를 100% 믿어야합니다.

　이 치유 믿음을 체질화하기 위해서 치유에 관한 성경말씀을 반복적으로 되새김해서 치유에 대한 확신을 가져야 합니다. 주님 안에서 믿음요법, 기도요법, 찬양요법, 말씀묵상요법, 회개요법, 사랑과 순종요법, 감사요법, 기쁨요법, 화평요법 등을 통해 영혼 육을 성령치유하는 것입니다.

　④ 생명을 가지고 있는 피조물들은 자신의 생명을 건강하게 유지하고자 하는 생존 본능을 갖고 있기 때문에 질병과 죽음을 싫어합니다. 그 중에 만물의 영장이라고 일컫는 인간만이 영혼육과 지정의와 언행심사를 갖고 있으면서도 대부분은 자기 생명 관리를 잘 못하고 있습니다. 소 잃고 외양간을 고친다는 말과 같이 몸이나 정신에 병이 생겨서 고통을 느낄 때에야 비로소 건강관리의 중요함을 깨닫게 됩니다.

　건강은 예방 차원이든 사후관리 차원이든 창조된 생명의 원리를 알고 성경 원리를 따라서 영혼 육을 평생 동안 지속적으로 부지런히 관리를 해야 하는 것입니다. 여러 가지 설명보다는 우선적으로 영혼육 건강에 유익한 것은 당장 실천해야 하고 건강에 해로운 것은 당장 안 하든지, 끊어야 하는 것입니다. 이 두 가지에 대한 결단과 실천이 없다면 영혼육의 건강관리에 대한 의지가 부족한 것입니다.

　육체의 건강관리 방법 중에 제1단계로써 기초적인 식이요법에 대하여 말하겠습니다. 음식을 입안에 넣으면 입안에 있는 맷돌로 40번 정도 갈아서 다음 기관으로 넘기라고 존재하는 것입니다. 자기 입가지고도 자기 마음대로 못하는 사람이 대부분입니다. 조급하게 먹는 습관 때문이라면

조급함을 회개하고 당장 고쳐야 합니다.

　음식물은 입안에서 나오는 침과 충분한 화학 반응이 생기도록 씹어야 음식 속에 들어있는 영양분을 몸속으로 충분하게 흡수시킴으로 몸의 각 기관들의 에너지가 강해진다는 것이 의학계의 임상실험 결과입니다. 어릴 적부터 오래 씹는 습관을 가진 사람은 장년이 되어도 병원 갈 일이 안 생긴다는 것입니다.

　두 번째는 사람마다 태어날 때부터 체질이 다르다는 것입니다. 체질이 다른 것처럼 몸에 필요한 영양의 양과 음식도 사람마다 다르다는 것입니다. 자기 몸에 필요한 것을 혀가 자율신경에 의해서 분별 작용을 해줍니다. 몸에 필요한 것은 좋아하고 몸에 필요치 않은 것은 싫어한다는 신호를 보냅니다. 사람은 단맛, 신맛, 쓴맛, 매운맛, 짠맛, 떫은맛 나는 음식이 골고루 필요하지만 더 필요한 사람이 있고 덜 필요한 사람이 있습니다. 혹시라도 어느 유명 의사가 비타민C가 사람들에게 좋다고 말했든지, 짜고 매운 것은 몸에 해롭다고 말했다면 이 말이 모든 사람에게 적용되는 것이 아니라는 점을 꼭 알아야 됩니다.

　너도 나도 그 의사의 말이 푹 믿어져서 체질에 맞지 않는 사람이 그것을 먹었을 때, 또 안 먹었을 때 도리어 부작용과 병을 얻게 된다는 것입니다.

　세 번째는 음식을 적게 먹는 것이 좋다는 것을 알고 있다면 과식은 절대로 피해야 됩니다. 과식은 장기의 노화현상을 앞당기는 역할을 합니다. 과다한 식욕을 절제해야 합니다. 과음, 흡연, 마약은 절대적으로 멀리하도록 결단해야 합니다.

⑤ 질병의 원인들

- 죄로 인하여 영혼이 병들면 육체도 병이 생깁니다. (창3:16, 레26:14, 민14:11,12:8, 신28:20-22, 28:58-62, 요5:1-14)
- 귀신의 역사(마12:22, 9:32-34, 15:21-28, 막9:14-29, 눅13:10-13)
- 하나님의 뜻을 이루기 위해서(요9:1-3,17, 11:1-4, 고후12:7, 욥1:20-22, 단8:27)
- 인간관계의 파괴와 상처와 사랑의 결핍에서 오는 각종 스트레스
- 전염병
- 편식, 과식, 굶주림
- 술, 담배, 마약, 중독
- 환경오염
- 과로와 무절제한 생활습관
- 운동부족
- 유전적 허약체질과 나쁜 성격으로 인한 부정적 사고방식
- 노화현상

⑥ 치유에 도움 되는 방법들

- 믿음과 기도요법(성부, 성자, 성령, 말씀을 믿고 기도한다.)
- 자연치유 요법(햇빛, 맑은 공기, 알카리성 물)
- 식이요법(체질에 맞는 음식을 40번 이상 씹어 먹고 소식한다.)
- 금식요법(필요한 때, 주기적으로 체력에 맞게 한다.)

- 운동요법(체력에 적합한 운동을 계속한다.)
- 마찰요법(피부를 손바닥이나 기구로 문지르고 두들긴다(올리브기름을 바르고 주님 이름으로 가볍게 두드린다.)
- 웃음요법(기쁘고 즐겁게 일합니다. 혼자 거울을 보면서 웃는 연습, 친절연습을 한다.)
- 심리안정요법(마음과 정신을 안정시킨다. 대인관계의 화목, 휴식, 긍정적 사고방식)
- 음악치유, 미술치유요법(가사내용이 건전한 노래를 부른다.)
- 사랑요법(사랑하고 용서하며 베풀며 칭찬하며 감사한다.)
- 침, 뜸, 사혈, 경락마사지, 지압요법
- 의학요법(수술과 약복용)

  치유은사가 없어도 이미 예수님께서 영혼육간의 죄와 질병을 십자가에서 담당하셨고 짊어지셨다는 말씀을 확신하고 기도하고 예수이름으로 선포하면 치유가 이루어집니다.
  그리고 믿는 자에게 치유하는 권세를 주셨다고 하신 말씀을 그대로 믿고 순종하고 기도하면 이루어주십니다. 이 치유도 예수님께서 이미 이루어놓으신 은혜를 믿는 자들이 누릴 수 있는 것입니다.
  그러나 현실적으로 여러 가지 질병이 많이 있으나 이 질병들은 하나님의 법을 깨닫게 하는 유익함이 있음으로 이 질병의 원인을 알게 해달라고 기도해야 합니다. 먼저 영적인 문제를 해결하지 않고 사람의 욕심으로 그저 육체적 치유만 하겠다고 간구한다면 온전한 치유가 일어나지 않습니다. 전능하신 의사 예수님께로 찾아가는 믿음이 있다면 병원 가는 수고는 많이 감소할 수 있을 것입니다.

전인치유에 대한 성경구절

☆중요한 구절은 암송합니다.

☆말씀에 대한 믿음과 순종이 부족했던 부분을 회개하면서 묵상합니다.

1. 예수님을 영접하고 믿음으로 나의 영혼육을 구원하시고 영생을 주셨습니다.

• 요삼 1:2 사랑하는 자여 네 영혼이 잘됨 같이 네가 범사에 잘되고 강건하기를 내가 간구하노라.

• 롬 6:23 죄의 삯은 사망이요 하나님의 은사는 예수 우리 주안에 있는 영생이니라.

• 엡 2:1 그는 허물과 죄로 죽었던 너희를 살리셨도다.

• 행 16:31 주 예수를 믿으라 그리하면 너와 네 집이 구원을 얻으리라.

• 막 16:16 믿고 세례를 받는 사람은 구원을 얻을 것이요 믿지 않는 사람은 정죄를 받으리라.

• 요 3:16 하나님이 세상을 이처럼 사랑하사 독생자를 주셨으니 이는 그를 믿는 자마다 영생을 얻게 하려 하심이라.

• 벧전 1:9 믿음의 결국은 영혼 구원이다.

• 시 103:3~5 그가 네 모든 죄악을 사하시며 네 모든 병을 고치시며 네 생명을 파멸에서 속량하시고 인자와 긍휼로 관을 씌우시며 좋은 것으로 네 소원을 만족하게하사 네 청춘을 독수리 같이 새롭게 하시도다.

2. 믿는 자에게 예수님의 이름으로 병 고치는 권세를 주셨습니다.

• 막 9:23 할 수 있거든이 무슨 말이냐 믿는 자에게는 능히 하지 못할 일이 없느니라.

• 마 10:8 병든 자를 고치며 죽은 자를 살리며 나병환자를 깨끗하게 하며 귀신을 쫓아내며 너희가 거저 받았으니 거저주라.

• 마 4:23 천국복음을 전파하시며 백성 중의 모든 병과 모든 약한 것을 고치시니.

• 마 8:13 예수께서 백부장에게 이르시되 가라 네 믿음대로 될지어다 하시니 그 즉시 하인이 나으니라.

• 마 9:22 예수께서 돌이켜 그를 보시며 이르시되 딸아 안심하라 네 믿음이 너를 구원하였다 하시니 여자가 그 즉시 구원을 받으니라.

• 막 16:17~18 믿는 자들에게 이런 표적이 따르리니 곧 그들이 내 이름으로 귀신을 쫓아내며 새 방언을 말하며 뱀을 집어 올리며 무슨 독을 마실지라도 해를 받지 아니하며 병든 사람에게 손을 얹은즉 나으리라.

• 약 5:15 믿음의 기도는 병든 자를 구원하리니 주께서 그를 일으키시리라 혹시 죄를 범하였을지라도 사하심을 받으리라.

• 빌 4:13 내게 능력주시는 자 안에서 내가 모든 것을 할 수 있느니라.

• 살전 2:13 이 말씀이 또한 너희 믿는 자 속에서 역사 하느니라.

• 행 3:6 베드로가 이르되 은과 금은 내게 없거니와 내게 있는 이것을 네게 주노니 나사렛 예수 그리스도의 이름으로 일어나 걸으라.

• 행 4:10 나사렛 예수 그리스도의 이름으로 이 사람이 건강하게 되어 너희 앞에 섰느니라.

3. 예수님께서 내 몸의 질병과 죄악과 가난과 저주를 짊어져 주셨습니다.

• 마 8:17 예수께서 우리의 연약한 것을 친히 담당하시고 병을 짊어지셨도다.

• 고후 8:9 우리 주 예수 그리스도의 은혜를 너희가 알거니와 부요하신 이로써 너희를 위하여 가난하게 되심은 그의 가난함으로 말미암아 너희를 부요하게 하려 하심이라.

• 갈 3:13 그리스도께서 우리를 위하여 저주를 받은바 되사 율법의 저주에서 우리를 속량하셨으니 기록된바 나무에 달린 자마다 저주 아래에 있는 자라 하였음이라.

• 벧전 2:24 친히 나무에 달려 그 몸으로 우리 죄를 담당하셨으니 이는 우리로 죄에 대하여 죽고 의에 대하여 살게 하려 하심이라 그가 채찍에 맞음으로 너희는 나음을 얻었나니,

• 사 53:5 그가 찔림은 우리의 허물 때문이요 그가 상함은 우리의 죄악 때문이라 그가 징계를 받음으로 우리는 평화를 누리고 그가 채찍에 맞으므로 우리는 나음을 입었도다.

4. 예수님께서 채찍에 맞으셨고 연약함을 친히 담당하셨고 모든 질병을 짊어지셨기 때문에 내 병은 다 나았습니다.

• 사 53:5 그가 찔림은 우리의 허물 때문이요 그가 상함은 우리의 죄악 때문이라 그가 징계를 받으므로 우리는 평화를 누리고 그가 채찍에 맞으

므로 우리는 나음을 입었도다.
- 마 8:17 예수께서 우리의 연약한 것을 친히 담당하시고 병을 짊어지셨도다.
- 시 107:20 그가 그의 말씀을 보내어 그들을 고치시고 위험한 지경에서 건지시는 도다.
- 사 58:8 그리하면 네 빛이 새벽같이 비칠 것이며 네 치유가 급속할 것이며.

5. 하나님께 회개하고 통곡하고 기도함으로 치료해 주십니다.

- 창 20:17 아브라함이 하나님께 기도하매 하나님이 아비멜렉과 그의 아내와 여종을 치료하사 출산하게 하셨으니.
- 왕상 17:21 그 아이 위에 몸을 세 번 펴서 엎드리고 여호와께 부르짖어 이르되 내 하나님 여호와여 원하건대 이 아이의 혼으로 그의 몸에 돌아오게 하옵소서 하니 여호와께서 엘리야의 소리를 들으시므로 그 아이의 혼이 몸으로 돌아오고 살아난지라.
- 왕하 20:2~6 히스기야가 낯을 벽으로 향하고 여호와께 기도하여 이르되 히스기야가 심히 통곡하더라 하나님 여호와의 말씀이 내가 네 기도를 들었고 네 눈물을 보았노라 내가 너를 낫게 하리니 네가 삼일 만에 여호와의 성전에 올라가겠고 내가 네 날에 15년을 더할 것이며.
- 약 5:15 믿음의 기도는 병든 자를 구원하리니 주께서 그를 일으키시리라 혹시 죄를 범하였을지라도 사하심을 받으리라.
- 약 5:16 그러므로 너희 죄를 서로 고백하며 병이 낫기를 위하여 서로

기도하라 의인의 간구는 역사하는 힘이 큼이니라.
- 마 19:26 사람으로는 할 수 없으나 하나님으로서는 다 하실 수 있느니라.

6. 여호와를 경외하고 말씀을 믿고 순종하며 즐거워하는 자에게 양약이 되어 주십니다.

- 잠 3:7~8 스스로 지혜롭게 여기지 말지어다 여호와를 경외하며 악을 떠날지어다 이것이 네 몸에 양약이 되어 네 골수를 윤택하게 하리라.
- 잠 4:22 그것은 얻는 자에게 생명이 되며 그의 온 육체의 건강이 됨이라.
- 잠 12:18 칼로 찌름같이 함부로 말하는 자가 있거니와 지혜로운 자의 혀는 양약과 같으니라.
- 잠 13:17 악한 사자는 재앙에 빠져도 충성된 사신은 양약이 되느니라.
- 잠 14:27 여호와를 경외하는 것은 생명의 샘이니 사망의 그물에서 벗어나게 하느니라.
- 잠 16:24 선한 말은 꿀송이 같아서 마음에 달고 뼈에 양약이 되느니라.
- 잠 17:22 마음의 즐거움은 양약이라도 심령의 근심은 뼈를 마르게 하느니라.
- 신 28:20~22 네가 악을 행하여 그를 잊으므로 네 손으로 하는 모든 일에 여호와께서 저주와 혼란과 책망을 내리사 망하며 속히 파멸하게 하

실 것이며 여호와께서 네 돌에 염병이 들게 하사 네가 들어가 차지할 땅에서 마침내 너를 멸하실 것이며 여호와께서 폐병과 열병과 염증과 학질과 한재와 풍재와 썩는 재앙으로 너를 치시리니 이 재앙들이 너를 따라서 너를 진멸하게 할 것이라.

- 신 28:58~61 네가 만일 이 책에 기록한 이 율법의 모든 말씀을 지켜 행하지 아니하고 네 하나님 여호와라 하는 영화롭게 두려운 이름을 경외하지 아니하면 여호와께서 네 재앙과 네 자손의 재앙을 극렬하게 하시리니 그 재앙이 크고 오래고 그 질병이 중하고 오랠 것이라 여호와께서 네가 두려워하던 애굽의 모든 질병을 네게로 가져다가 네 몸에 들어붙게 하실 것이며 또 이 율법 책에 기록하지 아니한 모든 질병과 모든 재앙을 네가 멸망하기까지 여호와께서 네게 내리실 것이니.

- 출 15:26 너희가 너희 하나님 나 여호와의 말을 들어 순종하고 내가 보기에 의를 행하며 내 계명에 귀를 기울이며 내 모든 규례를 지키면 내가 애굽 사람에게 내린 모든 질병 중 하나도 너희에게 내리지 아니하리니 나는 너희를 치료하는 여호와임이라.

- 마 8:8 백부장이 대답하여 이르되 주여 말씀으로만 하옵소서. 그러면 내 하인이 낫겠사옵나이다.

- 마 8:13 예수께서 백부장에게 이르시되 가라 네 믿음대로 될지어다 하시니 그 즉시 하인이 나으니라.

- 마 9:22 예수께서 돌이켜 그를 보시며 이르시되 딸아 안심하라 네 믿음이 너를 구원하였다 하시니 여자가 그 즉시 구원을 받으니라.

- 마 9:28~30 예수께서 이르시되 내가 능히 이 일 할 줄을 믿느냐 대답하되 주여 그러하오이다 하니 이에 예수께서 그들의 눈을 만지시며 이르

시되 너희 믿음대로 되라 하시니 그 눈들이 밝아진지라.

7. 고난을 통해 주의 율례를 깨닫게 하시고 순종함으로 치유해주십니다.

• 시 119:71 고난당한 것이 내게 유익이라 이로 말미암아 내가 주의 율례들을 배우게 되었나이다.

• 사 38:17 보옵소서 내게 큰 고통을 더하신 것은 내게 평안을 주려 하심이라 주께서 내 영혼을 사랑하사 멸망의 구덩이에서 건지셨고 내 모든 죄를 주의 등 뒤에 던지셨나이다.

• 고후 12:7 여러 계시를 받은 것이 지극히 크므로 너무 자만하지 않게 하시려고 내 육체에 가시 곧 사탄의 사자를 주셨으니 이는 나를 쳐서 너무 자만하지 않게 하려 하심이라.

• 시 107:10~14 사람이 흑암과 사망의 그늘에 앉으며 곤고와 쇠사슬에 매임은 하나님의 말씀을 거역하며 지존자의 뜻을 멸시함이라. 그러므로 그가 고통을 주어 그들의 마음을 겸손하게 하셨으니 그들이 엎드러져도 돕는 자가 없었도다. 그들이 환난 중에 여호와께 부르짖으며 그들의 고통에서 구원하시되 흑암과 사망의 그늘에서 인도하여 내시고 그들의 얽어맨 줄을 끊으셨도다.

전인치유에 대한 감사기도

✝ 주 예수님을 믿음으로 나의 영혼육의 죄를 용서해주시고 구원하시고 영생을 주시오니 감사와 찬송을 드립니다.

✝ 예수님께서 너 몸의 질병과 죄악과 가난과 저주를 대신 짊어지고 가셨기 때문에 깨끗이 치료하여 주시오니 감사와 찬송을 드립니다.

✝ 영혼이 잘됨같이 범사가 잘되고 강건하게 해주시오니 감사와 찬송을 드립니다.

✝ 하나님은 내 모든 죄악을 사하시며 내 모든 병을 고치시며 내 생명을 파멸에서 속량하시고 인자와 긍휼로 관을 씌우시며 좋은 것으로 네 소원을 만족하게 하사 네 청춘을 독수리같이 새롭게 하시오니 감사와 찬송을 드립니다.

✝ 믿는 자들에게 예수님의 이름으로 귀신을 쫓아내며 새 방언을 말하며 뱀을 집어 올리며 무슨 독을 마실지라도 해를 받지 아니하며 병든 사람에게 손을 얹은즉 낫게 하주시니 감사와 찬송을 드립니다.

✝ 믿음의 기도는 병든 자를 구원하시며 주께서 그를 일으키신다고 하신 말씀을 믿고 감사와 찬송을 드립니다.

✝ 주님의 말씀이 믿는 자 속에서 역사하시며 능력 주시는 자 예수님 안에서 내가 모든 것을 할 수 있다 하시니 감사와 찬송을 드립니다.

✝ 예수님이 채찍에 맞았으므로 내가 나음을 입게 해주셨으니 감사와 찬송을 드립니다.

✝ 내게 큰 고통을 더하신 것은 내게 평안을 주려 하심이라 주께서 내 영혼을 사랑하사 멸망의 구덩이에서 건지셨고 내 모든 죄를 주의 등 뒤에

던지셨으니 감사와 찬송을 드립니다.

  † 고난당한 것이 내게 유익이라 이로 말미암아 내가 주의 율례를 배우게 해주시니 감사와 찬송을 드립니다.

  † 내 육체에 가시를 주신 것은 너무 자만하지 않게 하려 하시니 감사와 찬송을 드립니다.

짧은 예화

6. 25전쟁 때 참전군 중에 빌이라는 미국 병사가 있었습니다. 그는 전투 중에 폭탄을 맞아서 하반신이 완전히 마비되었습니다. 목 아래는 완전히 마비되고 팔 다리는 제대로 움직이지 못했습니다. 대소변도 자기 스스로 가리지를 못합니다. 목 위만 겨우 신경이 통해서 볼 수 있고, 말하고 들을 수 있을 뿐이었습니다. 병원에 입원을 한 상태로 평생을 그렇게 지내야만 했습니다. 그래서 그의 아내 스텔라가 보험 외판원을 하면서 생계를 이어갔습니다. 병실을 지키며 3년이란 시간이 지났습니다.

아내 스텔라가 병상에서 남편의 손을 잡고 울며 기도하면서 남편에게 "도저히 나는 병실에서 이렇게 생활할 수 없으니 우리 헤어지도록 합시다. 당신은 국가에서 주는 연금으로 치료받으며 병원에서 생활할 수 있으니 나는 나의 생을 살아야 하겠습니다."하고 이혼을 제의했습니다. 그때 빌이 눈물을 글썽이며 아내에게 이렇게 말했습니다. "행복을 빌겠소. 그러나 하루만 더 참아주구려." 그 날 밤 빌은 눈물로 기도했습니다. "오, 주여. 내게 힘을 주시옵소서. 성령의 능력으로 나를 일으켜주옵소서." 그 순간 이상한 현상이 나타났습니다. 마비되었던 손이 움직이고 발가락이 움직였습니다. 얼굴에 생기가 돌았습니다. 놀라운 하나님의 기적을 체험한 빌은 그 후 훌륭한 전도자가 되었다고 합니다.

38.
말씀을 순종하는 방법

　말씀순종훈련은 순종이 얼마나 중요한 하나님의 뜻이고 명령인지 깨닫고 명심해서 실천해야 하는 마지막 과정입니다. 말씀을 듣고, 읽고, 깨닫고, 암송하고 되새김하는 일은 말씀을 마음으로 믿고 몸으로 순종하는데 목적이 있는 것입니다. 믿음과 순종은 분리할 수 없는 한 몸통입니다. 말씀 순종은 성령 충만이 지속되고 예수성품을 계속 가지고 있으면 자연스럽게 이루어집니다. 순종은 믿음과 사랑에 대한 신앙의 척도입니다. 순종은 하나님의 복을 받게 되는 조건이며 하나님을 기쁘시게 하는 최상의 열매입니다. 말씀을 순종하는 사람은 반석위에 집을 짓는 자입니다.
　믿음은 시작과 끝이고 순종과 행함은 믿음의 결실입니다. 믿음은 씨앗이고 순종은 열매입니다. 약2:17에서 행함이 없는 믿음은 영혼이 죽은 것이라고 말씀하셨습니다.

성경은 창세기 에덴동산에서부터 계시록까지 말씀을 믿고 지켜 행하라는 메시지로 일관되어 있습니다. 말씀을 순종하기 위해서는 매일 말씀을 마음의 창고에 가득 채워두고 매일 그 말씀을 꺼내서 되새김하면 말씀순종이 생활화되어집니다.

모든 단계를 마치면 순종의 열매가 자연스럽게 풍성히 맺히게 되는 것입니다. 신앙생활에서의 결론은 순종으로 하나님의 뜻을 행하며 하나님께 영광을 돌리는데 있습니다.

순종의 열매는 즉시 씨앗이 되어 심어지고 싹이 나고 또 다른 열매를 맺게 되어 있는 것이 하나님의 섭리입니다.

순종하라는 주님의 명령은 믿고, 사랑하라는 이 말씀 속에 모두 포함되어 있습니다. 하나님과 이웃을 사랑하는 일이 최고의 율법이요, 명령이요, 강령임을 명심해야 합니다.

순종이 결코 쉬운 일은 아닙니다. 좁은 길이요 생명길이기 때문입니다. 그러나 믿음과 말씀과 성령이 충만할 때에는 이 순종하는 길이 즐겁고 쉽고 복된 길이 될 것입니다.

자기 믿음의 척도를 측량하고 싶으면 먼저 중심에 주님을 모시고 있는지, 성령 충만한지, 주님의 여러 가지 성품을 얼마나 나타내고 있는지, 계명들을 얼마나 지키며 순종하는지를 헤아려보면 쉽게 확인할 수 있습니다. 자신이 언행심사를 통해서 죄악을 얼마나 멀리하고 있는지는 쉽게 살펴볼 수 가 있습니다.

불순종하게 되는 원인은 내 몸 안에 있는 죄성이기 때문에 날마다 또는 수시로 나의 ○○죄성은 십자가에서 예수님과 함께 죽었다라고 선포해야 합니다.

순종에 대한 성경구절

☆중요한 구절은 암송합니다.
☆말씀에 대한 믿음과 순종이 부족했던 부분을 회개하면서 묵상합니다.

1. 하나님을 사랑하고 계명을 지키는 자에게는 천대까지 은혜를 베푼다고 하신 말씀을 믿고 내가 지키겠습니다. 날마다 성령충만케 하옵소서.

- 창 6:8~9 노아는 여호와께 은혜를 입었더라. 그는 하나님과 동행하였으며 노아는 의인이요 당대에 완전한자라.
- 창 6:24 에녹이 하나님과 동행하더니 하나님이 그를 데려가심으로 세상에 있지 아니 하였더라.
- 창 26:5 이는 아브라함이 내 말을 순종하고 내 명령과 내 계명과 내 율례와 법도를 다 지켰음이니라.
- 출 20:6 나를 사랑하고 내 계명을 지키는 자에게는 천대까지 은혜를 베푸느니라.

2. 이 율법 책을 네 입에서 떠나지 말게 하며 주야로 행하라 그리하면 네 길이 평탄하게 될 것이며 네가 형통하리라는 말씀을 믿고 내가 행하겠습니다. 성령님께서 인도하여 주옵소서.

• 신 28:1~6 네가 네 하나님 여호와의 말씀을 삼가 듣고 내가 오늘 네게 명령하는 그의 모든 명령을 지켜 행하면 네 하나님 여호와께서 너를 세계 모든 민족위에 뛰어나게 하실 것이라. 네가 네 하나님 여호와의 말씀을 청종하면 이 모든 복이 네게 임하며 네게 이르리니 성읍에서도 복을 받고 들에서도 복을 받을 것이며 네 몸의 자녀와 네 토지의 소산과 네 짐승의 새끼와 소와 양의 새끼가 복을 받을 것이며 네 광주리와 떡 반죽 그릇이 복을 받을 것이며 네가 들어와도 복을 받고 나가도 복을 받을 것이니라.

• 시 1:1~3 복 있는 사람은 악인의 꾀를 따르지 아니하며 죄인들의 길에 서지 아니하며 오만한 자들의 자리에 앉지 아니하고 오직 여호와의 율법을 즐거워하며 그의 율법을 주야로 묵상하는도다. 그는 시냇가에 심은 나무가 철을 따라 열매를 맺으며 그 잎사귀가 마르지 아니함 같으니 그가 하는 모든 일이 다 형통하리로다.

• 잠 3:1~2 내 아들아 나의 법을 잊어버리지 말고 네 마음으로 나의 명령을 지키라 그리하면 그것이 네가 장수하여 많은 해를 누리게 하며 평강을 더하게 하리라.

• 잠 7:1~2 내 아들아 내 말을 지키며 내 계명을 간직하라 내 법을 네 눈동자처럼 지키라.

3. 그들의 열매로 그들을 알리라 나더러 주여 주여 하는 자마다 다 천국에 들어갈 것이 아니요, 다만 하늘에 계신 내 아버지의 뜻대로 행하는 자라야 들어가리라는 말씀을 믿고 내가 행하겠습니다. 성령님께서 인도하여 주옵소서.

- 마 5:16 이같이 너희 빛이 사람 앞에 비치게 하여 그들로 너희 착한 행실을 보고 하늘에 계신 너희 아버지께 영광을 돌리게 하라.
- 마 5:20 내가 너희에게 이르노니 너희 의가 서기관과 바리새인보다 더 낫지 못하면 결코 천국에 들어가지 못하리라.
- 마 7:19 아름다운 열매를 맺지 아니하는 나무마다 찍혀 불에 던져지느니라.
- 마 7:20~21 이러므로 그들의 열매로 그들을 알리라 나더러 주여 주여 하는 자마다 다 천국에 들어갈 것이 아니요 다만 하늘에 계신 내 아버지의 뜻대로 행하는 자라야 들어가리라.
- 마 22:37~40 예수께서 이르시되 네 마음을 다하고 목숨을 다하고 뜻을 다하여 주 너희 하나님을 사랑하라 하셨으니 이것이 크고 첫째 되는 계명이요 둘째도 그와 같으니 네 이웃을 네 몸과 같이 사랑하라 하셨으니 이 두 계명이 온 율법과 선지자의 강령이니라.

4. 너희가 나를 사랑하면 내 계명을 지키리라. 너희 모든 일을 사랑으로 행하라는 말씀을 믿고 내가 지키겠습니다. 성령님께서 인도하여 주옵소서.

- 요 13:34~35 새 계명을 너희에게 주노니 서로 사랑하라 내가 너희를 사랑한 것 같이 너희도 서로 사랑하라 너희가 서로 사랑하면 이로써 모든 사람이 너희가 내 제자인줄 알리라.
- 요 14:15 너희가 나를 사랑하면 나의 계명을 지키리라.
- 요 14:21 나의 계명을 가지고 지키는 자라야 나를 사랑하는 자니 나

를 사랑하는 자는 내 아버지께 사랑을 받을 것이요 나도 그를 사랑하여 그에게 나를 나타내리라.
- 롬 13:10 사랑은 이웃에게 악을 행치 아니하나니 그러므로 사랑은 율법의 완성이니라.
- 고전 16:14 너희 모든 일을 사랑으로 행하라.
- 마 5:44 너희 원수를 사랑하며 너희를 박해하는 자를 위하여 기도하라.
- 롬 12:14 너희를 박해하는 자를 축복하라 축복하고 저주하지 말라.
- 롬 22:21 악에게 지지 말고 선으로 악을 이기라.
- 갈 5:16 너희는 성령을 따라 행하라.

5. 행함이 없는 믿음은 그 자체가 죽은 것이라. 믿음이 행함과 함께 일하고 행함으로 믿음이 온전하게 되었느니 라는 말씀을 믿고 내가 행하겠습니다. 성령님께서 인도하여 주옵소서.

- 약 1:22 너희는 말씀을 행하는 자가 되고 듣기만 하여 자신을 속이는 자가 되지 말라.
- 약 2:17~28 행함이 없는 믿음은 그 자체가 죽은 것이라.
- 약 2:22 믿음이 그의 행함과 함께 일하고 행함으로 믿음이 온전하게 되었느니라.
- 요일 2:3~4 우리가 그의 계명을 지키면 이로써 우리가 그를 아는 줄로 알 것이요 그를 아노라 하고 그의 계명을 지키지 아니하는 자는 거짓말하는 자요 진리가 그 속에 있지 아니하되

• 요일 2:6 그의 안에 산다고 하는 자는 그가 행하시는 대로 자기도 행할지니라.

6. 이 예언의 말씀을 읽는 자와 듣는 자와 그 가운데 기록한 것을 지키는 자는 복이 있나니 때가 가까움이라는 말씀을 믿고 내가 행하겠습니다. 성령님께서 인도하여 주옵소서.

• 계 1:3 이 예언의 말씀을 읽는 자와 듣는 자와 그 가운데 기록한 것을 지키는 자는 복이 있나니 때가 가까움이니라.
• 계 22:7 보라 내가 속히 오리니 이 두루마리의 예언의 말씀을 지키는 자는 복이 있으리라 하더라.
• 계 22:12 보라 내가 속히 오리니 내가 줄 상이 내게 있어 각 사람에게 그가 행한대로 갚아 주리라.

7. 그러므로 누구든지 나의 이 말을 듣고 행하는 자는 그 집을 반석 위에 지은 지혜로운 사람 같으리니 라는 말씀을 믿고 내가 행하겠습니다. 성령님께서 인도하여 주옵소서.

• 요 8:47 하나님께 속한 자는 하나님의 말씀을 들으니 너희가 듣지 아니함은 하나님께 속하지 아니하였음이로다.
• 마 7:24~27 그러므로 누구든지 나의 이말을 듣고 행하는 자는 그 집을 반석 위에 지은 지혜로운 사람 같으리니 비가 내리고 창수가 나고 바람이 불어 그 집에 부딪치되 무너지지 아니하나니 이는 주추를 반석 위에

놓은 까닭이요 나의 이 말을 듣고 행하지 아니하는 자는 그 집을 모래위에 지은 어리석은 사람 같으리니 비가 내리고 창수가 나고 바람이 불어 그 집에 부딪치매 무너져 그 무너짐이 심하니라.

8. 제자 되게 해주시니 감사합니다. 성령께서 인도하여 주시옵소서.

- 눅 14:26 무릇 대게 오는 자가 자기 부모와 처자와 형제와 자매와 더욱이 자기 목숨까지 미워하지 아니하면 능히 내 제자가 되지 못하고,
- 눅 14:27 누구든지 자기 십자가를 지고 나를 따르지 않는 자도 능히 내 제자가 되지 못하리라.
- 눅 14:33 너희 중의 누구든지 자기의 모든 소유를 버리지 아니하면 능히 내 제자가 되지 못하리라.
- 요 8:31 너희가 내 말에 거하면 참으로 내 제자가 되고,
- 요 13:35 너희가 서로 사랑하면 이로써 모든 사람이 너희가 내 제자인 줄 알리라.
- 요 15:8 너희가 열매를 많이 맺으면 내 아버지께서 영광을 받으실 것이요 너희는 내 제자가 되리라.

순종에 대한 감사기도

✝ 성령님 내안에 임재 충만하셔서 성령님의 뜻대로 순종하도록 인도하여 주시니 감사와 찬송을 드립니다.

✝ 내 안에 성부, 성자, 성령님이 동거동행하심으로 말씀대로 순종하는 열매 맺게 해주시니 감사와 찬송을 드립니다.

✝ 내 안에 주님이 살아계셔서 노아와 아브라함처럼 순종하도록 가르쳐주시고 인도하시니 감사와 찬송을 드립니다.

✝ 내 안에 주님이 살아계셔서 행함이 있는 믿음생활이 되도록 인도하여 주시니 감사와 찬송을 드립니다.

✝ 내 안에 성령님이 충만하셔서 성령의 아홉 가지 열매를 언행으로 나타나도록 인도, 역사하여주시니 감사와 찬송을 드립니다.

✝ 내 안에 계신 주님께서 말씀을 주야로 묵상하게 하심으로 철따라 열매 맺고 형통하게 하시니 감사와 찬송을 드립니다.

✝ 내 안에 계신 주님께서 말씀을 깨닫게 하시고 30배 60배 100배 열매를 맺도록 옥토 되게 하시니 감사와 찬송을 드립니다.

✝ 내 안에 주님이 살아계셔서 주님의 계명을 지키는 자, 주님을 사랑하는 자가 되도록 가르치시고 인도하여 주시니 감사와 찬송을 드립니다.

✝ 내 안에 주님이 살아계셔서 이웃을 내 몸처럼 사랑하라고 가르치시고, 인도하여 주시니 감사와 찬송을 드립니다.

✝ 내 안에 주님이 살아계셔서 주님의 생명을 공급받아 순종의 열매가 풍성하도록 가르치시고 인도하여 주시니 감사와 찬송을 드립니다.

✝ 내 안에 주님이 살아계셔서 좌로나 우로나 치우치지 않고, 계명을 지

켜 행하도록 가르치시고 인도하여 주시니 감사와 찬송을 드립니다.

✝ 내 안에 주님이 살아계셔서 주님을 사랑하고, 주님의 계명을 지킴으로 천대까지 은혜를 누리게 하시니 감사와 찬송을 드립니다.

✝ 내 안에 주님이 살아계셔서 원수도 사랑하라고 가르치시고, 인도하여 주시니 감사와 찬송을 드립니다.

✝ 내 안에 주님이 살아계셔서 악인의 꾀를 따르지 않고, 죄인의 길에 서지 않고 오만한 자의 자리에 앉지 않도록 인도하여 주시니 감사와 찬송을 드립니다.

✝ 내 안에 주님이 살아계셔서 다른 사람의 잘못을 용서하라 가르치시고 인도하시니 감사와 찬송을 드립니다.

✝ 내 안에 주님이 살아계셔서 복음을 안 믿는 사람들에게 전도하라 가르치시고, 인도하여 주시니 감사와 찬송을 드립니다.

✝ 내 안에 주님이 살아계셔서 각 사람에게 빛을 비추게 하시고 빛의 열매를 맺도록 인도하여 주시니 감사와 찬송을 드립니다.

✝ 내 안에 주님이 살아계셔서 서로 사랑하라 하시고 또 서로 사랑함으로 주님의 제자가 되게 하시오니 감사와 찬송을 드립니다.

✝ 내 안에 주님이 살아계셔서 주님과 동행하심으로 욥과 바울처럼 고난이 와도 인내하고, 승리할 수 있도록 함께 하시니 감사와 찬송을 드립니다.

짧은 예화

세계적으로 유명한 '아라비아 종마'에 대해 재미있는 전설이 있다.

한 예언자가 세상에서 가장 훌륭한 종마를 찾아내기로 작정했다.

그래서 그는 온 세상을 두루 다니며 백 마리의 암말을 찾아냈다.

그는 말들을 우리에 가두어 놓고 먹을 것은 풍족히 주었지만 물은 주지 않았다. 마구간의 아래쪽에서는 아름다운 시내가 흐르고 물 냄새가 바람에 실려 우리에까지 올라왔다.

예언자는 말들이 목이 말라 미칠 지경이 되도록 우리에 가두어 놓았습니다. 그러다가 어느 날 그는 갑자기 말 우리의 문을 열었다. 우리를 나와 해방된 말들은 꼬리를 치켜들고, 고개를 뻣뻣하게 들고 숨을 몰아쉬며 입에는 거품을 물고 발로는 모래 먼지를 날리면서 천둥치듯 시내를 향해 내달렸다. 말들이 거의 시내에 다다랐을 때 예언자는 피리를 입에 대고 힘차게 불었다. 그러자 앞을 다투어 내달리던 백 마리의 말 가운데서 네 마리가 뿔피리의 신호를 듣고 발굽을 땅에 딛고 멈추어 서서 주인의 명령을 기다렸다. 이때 예언자는 외쳤다. "바로 저 네 마리의 말을 종마로 해서 이 세계에서 제일가는 말을 길러 내겠다. 나는 저 말들을 '아라비아종마'라고 이름 하겠다."

이겼노라

펴 낸 날	1판 1쇄 2019. 10. 30
지 은 이	이복자
펴 낸 이	이환호
편 집 자	민상기
표지디자인	민다슬
펴 낸 곳	도서출판 예찬사
등 록	1979. 1. 16 제 2018-000103
주 소	경기도 고양시 덕양구 중앙로 557번길 8-9. 엠앤지프라자 407-2호
전 화	02-798-0147-8
팩시밀리	031-979-0145
블 러 그	blog.naver.com/yechansa
전자우편	octo0691@naver.com

ISBN 978-89-7439-464-6 03230
Copyright ⓒ 도서출판 예찬사 2018 〈Printed in Korea〉

* 저자와 협약하여 인지를 생략합니다.
좋은 책은 좋은 사람을 만듭니다.
예찬사는 기독교 출판 실천윤리강령을 준수합니다.

일러두기- 본문성구는 개역개정판을 사용하였습니다.